THE TAROT
OF
FORTUNE

塔羅牌戀人

前世今生的祕語

陳廣蓉 著

塔羅牌戀人

目錄

……… 第一章 ………

戀人

THE LOVERS

兩個快樂的戀人構成一塊麵包，
草叢中的一滴月光；
行走時，留下兩道一起流動的陰影，
醒來時，讓一個太陽在床上空著。

兩個快樂的戀人，無終，無死，
他們誕生，他們死亡，有生之年重演多次，
他們像大自然一樣生生不息。

——聶魯達《一百首愛的十四行詩》

我慢慢撫弄著手中的紫色吸管。冰透的菊花青茶，有股青草香味，吃完了味道濃郁的起司豬排之後再喝一口，真的令人通體舒暢。

丹尼斯怎麼還沒來？我焦躁地看了看錶。

中午時分的T大附近，人潮像受驚的魚群般閃過眼睫，刺眼的陽光反射在複合簡餐店的大片落地窗前，只覺得店內嘩啦嘩啦的交談聲音像是傾盆大雨。

該不會是臨時又有事吧？丹尼斯一向很準時，如果改時間，他應該會事先傳簡訊給我才對。

我開始坐立難安，轉弄著桌子上的波斯菊。接著，我打開藍白細紋的肩背布包，拿出塔羅牌，開始熟練地洗牌。從牌陣中，掉出一張權杖國王。

「薩賓娜！」丹尼斯來了，一陣清脆的風鈴聲驚醒了我。

「怎麼讓我等那麼久！」我一把扯掉他的米色鴨舌帽。

「對不起，解剖學的教授死不下課，我也沒辦法。」他看我抓著塔羅牌，很感興趣地湊過來。

「這張牌什麼意思？」

「權杖國王，代表一個成熟年長的男性角色，就是你的解剖學教授囉。我想看看你怎麼還沒來？」

「喔，妳還真準呢！」

我被他逗笑了。我們一起吃完午餐後，一起去逛S大附近的藝術小舖。T大日語系的我，最喜歡四處閒晃，享受找到可愛小物的樂趣。

我一直希望畢業以後可以開一家很有風格的飾品小店，再加賣一些質感風格特殊的服飾，就像紐約蘇活區的個性小店，感覺一定棒透了。

這是我在社團認識丹尼斯之後，兩個人第一次一起出來約會。之前，我們參加的都是社團活動，閒雜人等太多，不太有機會單獨聊什麼。我覺得他一直默默注意我，這種感覺很強烈。我只是一直等待著。

不過，我實在不知道丹尼斯為什麼喜歡我。

這並不是什麼滅自己志氣的話。這是事實。

丹尼斯是每個女孩夢想的夢中情人，他醫學系已經快畢業了。外型高瘦，濃眉大眼，眼神像狼一樣聰敏精準。他家裡很有錢，聽說已經準備全家移民加拿大。穿著Levi's牛仔褲，白色有型的襯衫，搭上米色的鴨舌帽，感覺在茫茫人群中很跳。

我覺得我們大概是別人眼中怪異的組合。我並不是非常亮眼，只能勉強算個中等美女。一向沈默的我，習慣躲在角落裡靜靜看小說，偶而也會自己畫畫插圖，塗塗寫寫。唯一和別人不同的是，我很會玩塔羅牌，而且還滿神準的，這大概是所謂的天賦吧。我憑一股直覺解牌，周遭朋友也很喜歡找我問牌，這大概是我與眾不同的特質吧。

初次遇見丹尼斯，是在校園裡的社團午餐聚會。剛變身為大學新鮮人的我，還脫不了高中生的羞澀與靦腆的氣質，剛燙好的香菇頭像是異物般地黏在頭上，米色襯衫，橄欖綠七分褲，加上一雙Nike球鞋，活像披頭四裡的保羅。

那是一個地方社區服務的社團，參加者大多是同鄉或者高中同校同學。我的死黨安琪拉，我們之間有種雙胞胎般的默契，常常不用說話，就可以從對方的眼神中猜出心意。我是日語系，她是植物系，我們常在社團聚會時碰面，一起爽快聊天。

「薩賓娜，妳來啦？」安琪拉興奮地在教室那頭對我揮手。

「上午妳抽到了宿舍沒有？」我大聲地問，一邊踏過教室外的草坪。那天上午是新生註冊，排了老半天的隊繳費，終於把一切事都搞定。

「唉喲，那麼多人，才幾間房間而已，怎麼會輪到我頭上？我看我還是在外面租房子來得輕鬆愉快，又沒有舍監囉唆。」

「我抽到了耶，可以幫老媽省省錢。」我把手伸進手提袋裡，拿出三明治和抹茶鮮奶。

「我們系上也有幾個學姊都在這個社團待過，她們說這個社團還算ＯＫ啦，大一藉機會下鄉瘋一下，就可以轉到別的社團看看。」

這個社團會在寒暑假安排新生到鄉下社區進行社區調查和社區聯誼。其實，大家不過是藉此機會和同鄉學長姊聚會，這對剛外出唸書的遊子格外有親切感和吸引力。

安琪拉和我排在同一組，帶隊的是國貿系二年級的學長。我瞄到有個身材瘦削高佻的男生，獨自在角落抽煙。他的神情有些心不在焉，一身黑色T恤和黑色牛仔褲，更顯得手腳不自然地瘦長。

後來我才知道他叫丹尼斯，唸醫學系家裡很有錢。聽說曾經因為憂鬱症而休學過一個學期，我不禁對他有點好奇。

學長要大家一邊用餐，一邊自我介紹。安琪拉和我一起坐在教室外面的走廊陽台上，興沖沖啃著帶來的午餐，開心地聊天。我的個性一向遇到陌生人很靦腆，可是只要安琪拉在我身邊，就會比較放得開。她老是逗我笑得半死。

「丹尼斯！過來這裡和大家一起聊聊嘛！」學長硬是把那個黑衣男子的手提袋搶過來，他只好勉強走過來和大家打聲招呼。

這時候，我才發覺他深邃的眼睛似乎蒙上一層陰影，世界在他的瞳孔裡似乎也折射出一種蕭瑟感。

那是我對丹尼斯的第一印象，他那時大概還沒注意到我的存在。

新鮮人的興奮感在上課的清晨時分最是高漲。我騎車從女生宿舍一路到系上的大樓，清晨的校園有種軍隊前進的群體感。趕著上第一堂課的同學從四面八方湧進校門，自行車煞車的尖銳高音劃破耳膜，選修學分、系美女、班代等等，都是新鮮的名詞。

我還以為這是快樂生活的開始，只需要敞開所有感覺細胞，好好感受周遭的一切即可。

就像電影預告片剛開始的那一瞬間，螢幕上浮現劇中演員的名字，卻還沒看到真正的劇情推演時，真的會滿心期待。對我而言，丹尼斯是第一個浮上螢幕的名字。

日語系是俊輝叔叔要我選填的志願，其實我對日語系的課程一點也沒有概念。爸媽在我國小六年級時就離婚了，我和老媽一起去日本，小弟和爸爸繼續留在台南老家。我在日本唸高二時，老媽就認識俊輝叔叔。他對我還不錯，相當疼我，常帶我去玩，送我小禮物。聽老媽說他在新宿開一家餐飲店，生意做得還不錯。

大一新生的生活充滿了新鮮感，除了應付系上的功課之外，大量的空白與自由讓我突然不知所措。我固定每週和老媽通一次國際電話，可是頻率越來越少，脫韁後的自由已經取代了戀家的鄉愁。不過，我每天還是會e-mail跟她話家常，聊聊生活瑣事。

總是得做些什麼吧，不要讓記憶裡一片空白。這麼告訴自己。

從青澀到初熟，從陰影到曙光，從驚惶的童年擺渡到自由青春，面對突如其來的空白與自由，我剎時有點不知所措。

潛意識裡漸漸浮現這種焦慮，所以我便開始向外找事情做，填滿自己的生活片段。

T大側門附近的通道兩旁貼滿了各式各樣的社團海報、免費電影放映時間、氣功大師課程，催眠課程，幽浮研究社，股票操作說明會，簡直像是一整排的商業廣告蒙太奇。

我選擇加入社區服務團。

從小我就是安靜而孤僻地長大，再加上我很早就離鄉背井，在陌生的環境中，我習慣找個不受注意的角落裡窩著看書。用一頭安靜啃書的綿羊來形容我是最恰當的了。

不過，我想要改變一下自己的個性，訓練一下自己的適應能力。也許是叛逆的因子開始在體內迸發，我想故意反其道而行，加入熱鬧烘烘不知所以的社團試看看，也許可以把自己的孤僻性格扳回來一點也說不定。再加上我在台灣像是沒有長根的感覺，我格外想走入人群，感受一下和我年齡相近的同學到底有什麼不一樣的生活。

丹尼斯也許恰好與我個性完全相反，我們像是星空裡軌道完全相異的星塵粒子，反而有股絕望的吸引力，把我們推向彼此。

我長相安靜而平常，雖說有股莫名的吸引力，可是絕不是一看就驚為天人的那型。除了喜歡閱讀、玩塔羅牌之外，準確的第六感算是額外的附加本領。從小，我便常預知某些事情的發生，老媽常受不了我這種瘋人瘋語。有一次，我感覺很不對勁，告訴老媽有事情要發生了，結果隔天俊輝叔叔的車子音響便被偷了。

丹尼斯是那種標準男模特兒的影印本，身材高佻，長相俊俏，唯一的缺點，就像老媽常說的，眼神聰明太露，鼻子太瘦削，有點長相太單薄的感覺。

在社團裡，丹尼斯是注意力的焦點，有他在的地方，便洋溢著一種明星的氛圍，似乎明亮輝煌了許多。

有一天，當我在社辦埋頭畫社團裡的海報時，頭上突然響起聲音：

「標題字用鮮綠色效果會更好。」我抬頭一看，原來是丹尼斯。

「真的嗎？」在這之前，我們只是匆匆照面，還未曾說過話。

他拿起綠色麥克筆，熟練地描邊。

「你常畫嗎？」我問。

「有空就畫，哪天你來我畫室看看。」他順口便說。

只是我有點訝異他這麼直率地邀約，他的語氣中似乎不帶任何嘲諷或戲謔。我瞄了一眼，他的眼神似乎透著一絲誠懇。

那天我們一起通力合作把海報完成。我們大半時間沈默著畫圖，可是有種意料之外的默契讓彼此都有些尷尬。在這之前，我還以為他是個眾星拱月的自戀狂，可是現在卻突然覺得他努力畫畫的背影線條頗為動人。

大概是流汗賣力的男生容易讓我感動吧？

那次以後，丹尼斯有時會在社團集訓之後找我聊幾句，或者過來和我一起吃便當。漸漸地，在社團裡便有些耳語傳開。有人跑去教訓丹尼斯，叫他不要玩弄清純女生，有人還說要追我，還有女生跑去跟他談判，要他在兩個女生之間選擇一個。這種種無端是非讓我真的啼笑皆非。

大概是因為丹尼斯是一切漩渦的中心點，這麼多無謂的漣漪漸漸在社團裡散開來。托他的福，現在我也成了大家注意的焦點。這種背後強烈的群眾念力，讓我有點坐立不安。

後來，丹尼斯對外放出了想認真追我的消息，彷彿是黑社會中大哥旁邊的女人一樣，大家對我也連帶流露幾分敬畏。從此，我便穩坐寶座，彷彿可以掌握隱形的生殺權力。

沒想到，後來我自己卻成了最先被宰殺的刀下殂肉。

「妳相信宇宙會發出特殊的音波和人類溝通嗎？」

記得有一次我問丹尼斯，他沒理我，右手又繼續調沾調色盤上的顏料，再用畫刀抹上畫布。整幅畫的底色是一片灰藍，邊緣是暗沉的黑色，中央留下一塊空白，可以看到隱隱約約的炭筆輪廓，露出線條滑膩的頸部，頭部五官卻仍舊朦朧不清，不過可以知道是個女人的肖像。

「你畫什麼？」我湊上臉問他。沒有冷氣的木板隔間，只有一台嘎嘎直響的舊電扇，西曬的陽光把我逼得額頭直冒汗。他也一樣，米白色的汗衫全濕透了。

「這是維納斯。你看過《維納斯的誕生》嗎？」他繼續在畫布上抹上顏料。原本不太清晰的女人頭部漸漸清楚，淡淡的粉褐色上加上灰藍的暗點作為陰影，頸部的線條除了用長條型的刀板刷過之後，又用大姆指輕輕將油料按進畫布裡，整個肌膚的感覺更柔和了。

丹尼斯的畫室是在T大後門的小巷子裡。底下一樓是家小服飾店，狹長的店面裡擺著幾具表情呆滯的模特兒，抹著霓虹的唇色，塑膠的瞳孔彷彿看著看不見的遠方。順著服飾店旁邊的樓梯間上去，爬到五樓加蓋的樓頂，就是丹尼斯的畫室。有時候沒課，我會繞到這裡晃晃。

「沒辦法，老爸逼著念醫學院。這完全是應觀眾要求。」剛在系辦認識他時，他就這麼說。

「這不是很多人一生夢寐以求的嗎？」我說。

「對我來說，藝術才是一切，它是生命力真正的展現。如果你親眼看過一具具攤在解剖台上的人體，你會開始真正思考所謂生命的本質何在，自己每天日復一日的生活又有什麼意義。福馬林刺鼻的味道，屍肉上一根根快要脫落的陰毛，泛黃的頭骨。當然，習慣了也許就麻木了，看久了就像照片一樣既真實又不真實。」

「既真實又不真實？」

「美麗與醜陋像是正片與負片，你得接受所有的一切，不然你就活不下去。」他捉狹地眨眨眼。

「少無聊。」我用炭筆丟他。

他身手矯捷地一閃，躲開了。

「救人一命不是很有意義嗎？」

「我指的不是這個，我說的是對我自己存在的生命意義。有些人天生適合救人，當懸壺濟世的醫生。對他而言，幫助別人繼續延續生命就構成他生命存在的意義。你放心，這世界永遠都會有人扮演這種救世主角色。不過，有些人天生就不適合吃這行飯。我就是這樣，我知道自己適合的路，畫畫對我就是存在的意義，就像呼吸一樣自然。」他無奈地聳聳肩。

我想大概他是那種太追求完美的典型，畢竟面對生命的殘酷與醜陋，並不是他太過感性的心靈可以承受的。雖然背負著父母的期望，一路考上最頂尖的大學科系，他畢竟只想做他自己。

他畫的維納斯很美，可是我注意到維納斯還少了眼睛。空洞的眼框裡好像可以聽到眼淚滴下來的回音，很空靈。沒有眼睛的眼睛，到底要望向何方？我沒問他。他還是很專注地在畫畫。也許他是故意不畫眼睛的。

很奇妙地，我從畫裡，從維納斯空白的眼瞳裡聽到了一種聲音，一種類似我在半夜裡聽到的聲音。

那種神秘又有金屬振動的聲音，慢慢地從畫布很遙遠的那一端傳來，加上西曬陽光的熱空氣振動，似乎聽得更清楚了些。

「《維納斯的誕生》這幅畫原本的背景是海浪和泡沫，維納斯從深藍的海底冉冉上升。」丹尼斯繼續興緻勃勃地說下去，可是他的聲音越來越模糊，而維納斯的瞳孔發出的呼喚聲越來越大聲，我幾乎快遮住自己的耳朵了，不過我忍住不動。

這種呼喚太強烈了，很像一架波音七四七客機直接從腦神經呼嘯而過。不過因為空氣中的靜默，反而更像轟雷巨響。

呼喚，繼續呼喚著，我在沉默裡閉起眼睛。

那時候丹尼斯還沒和家裡鬧僵，還住在家裡領優渥的日薪過小少爺的日子，我也還不知道他和美術系學生海蓮娜的事情，更不清楚他的過去。總之，那時候還像是春天早晨的霧，將明未明，像謎一樣空白，充滿無限神祕，也是我們之間最美的時候。

* * *

有時候，我覺得緣分真的是很奇特的東西。

世界上似乎有一種朋友，隨時跟隨在你身邊細心呵護，彷彿身邊磨磳的波斯貓一樣令人安心，可是卻註定彼此沒有當愛人的緣分。

我和世平就是這樣的關係。我們倆人的命運軌跡似乎永遠平行，保持著一種不可碰觸的距離，若即若離，總是在關鍵的那一剎那擦身而過。雖然我和丹尼斯已經算是男女朋友了，可是有時我還是會想起世平，一種熟悉溫馨的繫念，似乎總在心底纏繞，怎麼斷也斷不了。

認識他大概從小學三年級開始吧。

小時候，讀的是一所南部長滿榕樹的舊式私立小學，校園裡盤滿記憶的氣生根輕輕隨著微風晃蕩，偶爾會出現在夢裡。小時的記憶太模糊了，只記得小時候的世平，黝黑的肌膚襯著一口潔白的牙齒，常常盯著我看的眼神。

其實，小孩子也有像大人世界的愛恨情仇，只是情節沖淡了許多，多了天真想像的留白與稚氣。現在想起來，只覺得那時的景象就像是停格的黑白照片，有種淡淡的夏日氣味，就像是法國導演楚浮的《四百擊》那種青春韻味。

他說，小學三年級就喜歡我了。他會故意找時間陪在我身邊，也會在每次月考後排座位時，努力往靠近我的方向移動。

世平後來跟我說，小時候我擔任副班長，鋒頭很健，是班上的風雲人物。據他說，那時有很多小男生都很喜歡我，暗中爭風吃醋。那是一種淡淡的puppy love。

這些往事都是世平在大一時對我說的。

「真的嗎？我完全沒印象呢。」我很驚訝，不過卻頗有虛榮感，原來我那麼受人歡迎，真的始料未及。那時候，我覺得世平很特別，我也注意到他的存在。只是我們真的很少講話，那是我莫名所以的少女矜持。

我想起那時候，偶爾會在桌子上收到幾顆小糖果，有時候是幾朵小花。我不知道是誰送的，也沒有任何人會出面承認。我只會在內心暗暗竊喜。

有時候，在放學排路隊回家時，我會不知不覺感應到一雙凝視我的眼睛。我知道那是世平，我就是知道。

我並沒告訴世平小時候對他的感覺。

之後，我們各自上中學，就這樣失去聯絡，後來我們搬了家。

「你知道我還騎著單車，找到你們新家嗎？」世平笑著對我說。

「你怎麼找到的啊？」我真的很驚訝。

「我翻電話簿啊，找你阿姨家的飾品店。而且，找到阿姨的店之後，妳阿姨告訴我的。那時，我還常常偷偷在你們家附近到處騎車亂逛呢。不過，聽說妳阿姨的店幾年後搬到永和去了。」

我想像著那副景象，在南台灣的盛夏，一個高中男生怯怯卻興奮地踩著單車，沉默地出沒在我家附近。我笑著對世平說，這好像是日本初春，冬熊緩緩探出腳步，出沒森林。

說到熊，金牛座的世平給我一種很維尼熊的感覺，讓我想到阿姨飾品店裡溫馨的格子布熊，冬天時很想抱著取暖的那種。

還記得大一上學期末的冬天，世平也曾經送給我一隻罕見的紫色小熊當生日禮物。打開禮物時，我不禁興奮大叫：「好可愛喔！」在一旁的世平靦腆地微笑。

他還是那麼溫馴而安靜，靜默得讓人忘記他的存在，可是在某個不經意的時刻，他會讓我很感動。也許他就是少了那股衝動與佔有欲，所以我反而無法感受到男女感情中激烈熱戀的那種感覺，讓我誤認彼此之間存在的只是淡淡卻醇厚的友誼。

這也許是自己的觀點不夠成熟，還存在著愛情小說中愛得轟轟烈烈，死去活來的愛情觀。從小到大，不曾真正瞭解自己，也不曾瞭解適合自己的是什麼，只是從讀過的愛情小說中去一點一滴建構虛幻的愛情。在日本唸高校時，也無心像班上同學一樣忙著約會。小時候，看著父母親的婚姻破碎，母親暗夜傷心流淚的神情，深深烙印在心底。我對感情格外沒有安全感，更缺乏興趣，只想趕快長大，好好讀書賺錢，分擔母親的重擔。我似乎已經瞬間成熟，提早一腳跨進現實的冷酷異境。

那些童年的回憶，已經越飄越遠了。

對於世平的記憶，對於在台灣南部念小學的記憶，彷彿已經被我壓縮在記憶櫥櫃中的最底層，小時候原本溫暖的家庭頓時變成陰暗詭異的氣氛，這些記憶的碎片像是破碎的玻璃般刺痛扎人，我常不願想起這些陳年往事。

我和世平兩人的命運軌跡總是時而交會，時而分錯，而在特別關鍵的那一刻，我們卻錯身而過。我想，這是命運的安排，還是我們潛意識裡早已認定我們的結合是完全不可能的，所以就無意識地推開對方，一個眼神，一句話，便造成不可彌補的遺憾？

第一次接到世平的情書是在大一上學期快結束的時候。

那時候我已經認識丹尼斯，算是男女朋友了。我回了一封語氣淡淡而客氣的信。我想我不會告訴丹尼斯世平寫信給我的事，因為丹尼斯個性激烈而嫉妒心超強，如果知道我還有這麼一個青梅竹馬，絕對會強烈反彈。

不過，接到世平的信，看到他純樸整齊的字跡，小時候的回憶一起湧上心頭，南國的溫暖寧靜剎時擁抱著我，許久許久。

我很想看看世平長大的樣子，只是單純的希望。時間，會把我們捏造成什麼樣子，我真的很好奇。他還是有著一雙像小時候，炯炯有神的眼睛嗎？

我真的很想和他碰面，我想與十年前的自己相遇。

寫給他e-mail之後，我反而開始坐立難安，等待與他的會面。

難道他真的願意這樣在一旁默默陪我嗎？

世平念的是高雄的H大資管系，他和我約好這個禮拜日趁我回南部時見面。爸爸希望與我碰個面，我也想看望一下許久未曾碰面的弟弟。

其實，我真的很猶疑。回台灣這麼久，已經回來一年多，可是我卻久久未曾回南部老家看爸爸，只是通了幾次電話。不知道為什麼，只覺得近鄉情怯，陌生讓我對歸鄉有種畏懼感。

只想活在現在。

掙扎了好久，搭了自強號回南部。回到台南，打電話給世平。他騎摩托車來載我，我看到他不禁微微一笑。

一個年輕男子出現了，一身黑色襯衫，深藍Levi's牛仔褲，戴著墨鏡。他頂著南國的陽光，在熾熱的光線下，黝黑的臉上冒著豆大的汗珠，眼睛還是那麼炯炯有神，臉龐的輪廓整個拉長變深，很像把國小大頭照重新長寬比例拉過一遍，但是，他就還是世平。怎麼樣也變不了。

我笑了，他也笑了，在他眼中我也變不少呢。我已經是身高一六五公分，長得瘦高的長髮女孩，身上穿的是一件無印良品白色T恤，緊身牛仔褲，斜掛一個Nine West的深綠色茄釘肩包。

十年後，我們居然又在台南的車站重逢。

我覺得這簡直像是童話情節。

我們一起到附近的C大逛逛，在榕園裡穿梭在密佈的氣生根中，感覺又回到以前的私立國小校園，回到那無憂無慮的天堂樂園。在那裡，時間是凝結的彩色果凍，年幼的我們牽著手，一圈圈地繞著榕樹漫舞。

「薩賓娜，妳變得好多，變得很⋯⋯」世平緩緩地說。

「應該說是女大十八變吧，我覺得比以前的妳更淑女氣息，小女孩長大囉。」

默。

「廢話！」我捶他一下。

不知道為什麼，跟世平聊天就是很開心。我和他聊起在日本的幾年，時而熱烈，時而沉默。

在廣闊的綠草地上，我們席地而坐，望著夕陽漸漸把磚造紅樓染得更紅。

我很喜歡這種靈魂輕舞的瞬間，一切的煩惱都灰飛煙滅。

我們在開始變暗的天色中繼續逛校園，穿過白色重重的迴廊。

「你知道，人生可沒有幾個十年，而我們認識已經十幾年囉。」世平側著頭望著我。

我沉默著，繼續散步。

迴廊周圍的七里香入夜之後，開始散發南國夏日的香氣，緩緩地在呼吸之間綻放。世平送我回去安平附近的老家。

繞過天后宮後面，就到了安平古堡。老家就在安平古堡的附近不遠。

世平把摩托車停放在院子裡。

入夜之後，蓊鬱的盆栽排滿小小的院子，爸爸還是一樣喜歡照顧盆栽。石板地上長滿青苔，東北角落裡有一個小水池，上面飄著蓮花幾朵。側邊的棚架上掛著幾盆毛蟹蘭，那是以前媽媽很喜歡的蘭花。

四周是靜寂無聲。

我和世平一起推開房門。

「爸！我回來了。」打開電燈，原來老爸在電視前睡著了。他睜開眼睛之後，看到我，瞳孔睜得很大，一直揉眼睛。

「清子，真的是妳！吃過飯了嗎？」在蒼白的日光燈下，我看到爸爸在幾年的時間頓時蒼老，稀疏爬滿白髮。早年嗜酒荒誕過日的影響，現在他的手腳有點酒精中毒現象，會不由自主地微微顫抖。

「清子，冰箱裡有妳愛吃的米糕。」我打開冰箱，把米糕隔水加熱。還記得小時候，我和弟弟最喜歡吃民族路的米糕了，那時候，爸爸一買就是五六個。

爸爸當然不認識世平，我稍加介紹。世平打過招呼後，就騎車回家了。

我望著滿室陳舊的擺設，藤椅添加了歲月的光澤，黑色的老鋼琴早已經闇啞走音。爸爸在我們遠赴日本之後，還是繼續在台南守著他的五金行。看著他現在身子孱弱，很難想像以前他酗酒縱樂，酒後對母親大打出手的兇狠模樣。

我彷彿看到年幼的我和弟弟，看到爸媽大聲吵架，動手扭打，母親驚恐的眼眸讓我印象深刻。我和弟弟只好躲在門後偷偷哭泣，不知所措。

爸爸一次又一次酗酒打鬧，又痛哭懺悔。在多年反覆折磨之後，媽媽終於痛下決心，帶著我遠赴日本重新過日子，打算離開這個永遠的痛楚。我知道媽是怕爸爸會糾纏不清，才堅決離開台灣，投靠日本朋友，在東京靠她的烹飪手藝在台灣料理屋當副廚，養活我們母女兩個。

這一切似乎歷歷在目，可是又彷彿很遙遠。眼前的爸爸卻已是個佝僂老人了。

我把送給爸爸的新襯衫放在客廳的桌上，是件在日本買的棉質格子襯衫，一直放在行李箱中。

看著牆上泛黃的全家福照片，照片中的爸媽笑得很開心，我和弟弟傻傻地望著鏡頭。這一切都在時間中停格了，不會再回來。

幸福，是不是曲終人散了之後，才讓人懂得？

我真的不知道。

……… 第二章 ………

女祭司

THE HIGH PRIESTESS

你必須明白我不愛卻又愛著你，
因為生命有兩面；
言語是沉默的一隻翅膀，
火也有它冰冷的另一半。

我愛你，我也不愛你，彷彿
手中握著幸福的鑰匙以及
開啟悲慘混亂命運的鑰匙。

為了愛你，我的愛有兩個生命。
因此我在不愛你的時候愛你，
也在愛你的時候愛你。

——聶魯達《一百首愛的十四行詩》

薩賓娜是我的英文名字，我還有個日文名字「清子」。

媽媽和阿姨當然都是叫我清子，到台灣上T大之後，同學叫我薩賓娜，這是我自己看了米蘭昆德拉的小說《生命中不可承受之輕》取的名字。

雖然我出生在台灣，可是國小六年級畢業後，就跟著母親到日本東京，一直讀到高校畢業。那時候，我陪著母親到異鄉工作，弟弟跟著父親。在日本的記憶屬於童年的那一個區塊，有著處女般的潔淨感，神聖不可侵犯，現在回想起來感覺也很遙遠。也許因為太小吧，那時受到日本人排擠的感覺，感覺很模糊，很快便淡忘了。只是，有時我會想起剛到東京，和母親一起擠在幾坪榻榻米大的房間，那種無助無依的感覺。

在寒冷下雪的冬天，似乎全世界都冰凍成一個大雪窖，整個人都快凍斃了。我們升起炭火取暖，聽著炭火嗶嗶剝剝的微弱聲響，母親用冰冷的手臂緊緊抱住我。

白色的雪和藍色的火花，微微地在夢裡閃爍。

母親很快就在澀谷的台灣料理屋找到工作，我們的生活也漸漸穩定下來。我喜歡和母親在週日時帶著裝滿壽司的餐盒，一起到上野公園散散步。

我們搭車到上野車站，那是明治時代就蓋好的車站，非常古老悠遠。園區內有國立博物館、西洋美術館，森美術館，還有我最喜歡的貓熊。對年幼的我來說，上野公園簡直像是天堂一樣美麗而夢幻。

母親輪休的時候，常帶我來這裡逛逛美術展覽，餵餵鴿子，欣賞一年一度的「花見」。園內的步道櫻花林，簡直美呆了，落英繽紛，年幼的我也懂得欣賞那種炫麗的美。夢幻的粉紅色雲朵浮現在眼前，彷彿快要熄滅的燦爛煙火讓人窒息，那種美逼得人非得要大叫大跳不可。

美，也是要人命的。年幼的我，微微懂得。

「媽，妳看那隻鴿子好胖喔！」我興奮地大叫。媽媽抓了一把麵包屑丟出去，數不清的鴿子都向我們靠攏飛來，剎那間只見灰白色翅膀拼命拍打，遮蔽了半邊天空。

媽回我一個淺笑。我跑在媽媽前面，映著樹影的媽媽身材高瘦，有種纖細的美感，也抹上些許落寞。

說實在的，我覺得媽在日本快樂多了。雖然她工作很累，可是遠離爸爸的慘澹陰影，她的臉色漸漸有了一抹春天櫻花的粉紅。

年幼的我，最喜歡和媽媽去動物園看貓熊。看到可愛的貓熊打呵欠，周遭圍觀的人們都一致發出卡哇依的讚嘆聲。

我也很喜歡和媽媽一起散步看美展。隨著年紀漸長，也漸漸懂得欣賞藝術之美。我很喜歡西洋繪畫，特別欣賞印象派畫家莫內的寧靜畫風。我仔細分析那些畫家怎麼調配色彩，如何表現內心的感覺。看畫，讓我心情愉悅。這是因為在看畫時，寧靜的氣氛讓我無比輕鬆，可以遠離人群，不必在意別人的眼光。我想一直待在這個安靜的角落裡，不用再回去學校，面對沉重的功課壓力，也可以逃出家中狹窄不堪的小房間。

長大之後，才懂得為什麼媽媽最常帶我去上野公園。

因為去那裡最省錢，心靈的收穫也最多。如果去逛高檔百貨公司，反正也消費不起，又何必去乾瞪眼？不過，我覺得過得節省一點沒關係，只要和媽媽一起生活，有說有笑，心情愉快就好。儘管年紀小，我已經懂得媽媽一個人賺錢養家的辛苦。

媽媽在澀谷文化村通的台灣料理屋擔任副廚。媽媽的廚藝精湛，可以煮出一桌很道地的台菜料理，還會自己蒸碗粿和米糕呢。媽媽就靠著她的好手藝，在廚房當副手，有時也幫忙洗碗。

有時假日正忙，媽媽也不能休假，只好帶我一起去上班。我在一旁看到媽媽穿梭在又熱又油膩的廚房，揮汗如雨，只是覺得媽媽好疲累。料理屋的生意不錯，到了假日，更是人擠人，一位難求。假日多半是一家人一起到料理屋用餐，看在眼底，不禁心裡很羨慕。可是，我還是覺得現在待在東京的日子比較快樂。

大人的感情世界真的很複雜，不是年幼的我所能瞭解。還記得小時候，我們老家在台南安平古堡附近，有個種滿花花草草的小庭院。國小三、四年級開始，爸媽就越吵越厲害。爸爸常在深夜喝得酩酊大醉，半夜回來之後，媽媽就成了爸爸發洩生活壓力的出氣筒。

那時，感覺世界是無底的黑色。

我和弟弟只能躲在門後偷偷哭泣，不知道怎樣才能拯救媽媽。暴力的陰影使我痛恨爸爸，也更厭惡這個家。彷彿是一場痛苦的夢，在夢裡越走越深，醒不過來，一種深沉的恐懼感掐住我的脖子，無法呼吸。

後來，媽媽帶我到東京獨自生活，反而是種解脫。

到了東京之後，生活畫面彷彿用遙控器瞬間轉台，從痛苦陰暗的庭院深深，剎時轉到熱鬧繽紛的異國街道，感覺很不真實，一切都像是做夢。

在東京，連走路的步伐也輕鬆多了。終於，我不必再看著暴力上演的場面，那種痛苦遠超過年幼的孩子可以負荷的重量。我常會不自覺地咬指甲，咬得十隻指頭都快爛掉了，現在還得擦上淡淡的護甲油遮醜。深夜裡，常被反覆的惡夢驚醒。

把電視插頭拔起來之後，恐怖的畫面就消失了。年幼的我，這麼告訴自己。

媽端著一盤蛋炒飯出來給我。她綁著馬尾，笑瞇瞇的樣子很美。

「清子！快點吃喔，不夠再來廚房拿。」媽趁著端菜的空檔幫我準備午餐。

我拿起湯匙，吃了一口，嗯，好香。

在異鄉成長的我，青春期是很孤單寂寞的。孤單是悄悄躲在書店角落，被千萬種喧鬧文字語言所淹沒的渺小與漠然。書是我最親的朋友，彷彿患了恐慌症般飢渴，我啃噬了一頁又一頁的文字，印刷的特殊氣味讓我無端安心。

那時候，我在東京一所專門給台灣人和其他外國人唸的學校。媽說，在這種學校，比較不會被排擠。不過，對我來說，並沒有任何差別。因為我一向獨來獨往，也不太和同學聊天。我沉迷於書中，在書的浩瀚世界裡，彷彿長著一雙翅膀，可以自在遨翔，毫無現實的壓力和重量。

那時，我也沉迷於繪畫和做手工藝，在班上的成績平平，一直不受注目。這和台灣小學時期優異的成績天差地別，那時我成績頂尖，又擔任副班長，鋒頭頗健。相形之下，在東京的求學期間，我簡直像是個神隱忍者，默默消失在角落裡，神魂上天下地，來去無蹤。

其實，我覺得這樣很自在，並不想對任何人打開心裡的盒子，一個飄著檀香味道的厚實木箱子，押著心底的沉重故事，其實很想遺忘，卻不知從何說起。

媽希望我以後可以用日僑身份申請回台灣念大學，不但可以加分申請到比較好的大學，學費也會減免，與日本念大學昂貴的學費比較之下，對經濟拮据的我們來說是比較好的安排。

我覺得媽這個安排也不錯。以後我也可以教授日語，或者像阿姨一樣到澀谷新宿批一些新奇流行的飾品，再回台灣開家生活雜貨小舖，一定頗受年輕人歡迎。

漸漸地，我會思考一些超齡的問題，比如像死後會到哪裡去，我到底是誰這些問題。我不會問媽，只會在心裡自己自問自答。有時，會到圖書館找書來看，慢慢去挖掘這個奇妙的心靈世界。

發現自己擁有奇特的能力是後來的事。

自己很小就會感覺身邊人的情緒波動，那是一股很強烈的波動能量，會讓自己馬上驚覺，有時甚至會覺得受到影響而不舒服。比如說，媽有一陣子的顏色是一種淡淡的粉紅，夾雜著憂鬱的藍色。以前爸爸常在家裡咆哮大吼，他的顏色瞬間從棕黃色一路飆到憤怒的猩紅色，波動很嚇人。那時候，我和媽就得趕緊找地方躲起來，因為恐怖的暴風雨就快來臨了。小時候，只是覺得自己可能是因為喜歡看畫冊，對顏色的感覺比較敏銳，也許是一種幻覺罷了。

記得有一次，媽帶我去淺草觀音廟旁邊占卜。那位老婆婆看了卦象，便說我是個特殊的孩子，未來會有特殊的使命和經歷。媽媽聽了，臉色一沉，沉默不語。只是我不太懂婆婆的意思。

「這孩子會有不凡的經歷喔，她以後會幫助很多人。」婆婆笑著，拉住我的手。

還是似懂非懂。

我只知道我常會有預感，可以預先知道會發生某些事情，往往這些預言也會成真，就好像在電視螢幕上先看過一樣。我不敢告訴媽這種特殊能力，也不敢告訴其他朋友。我怕他們會用異樣的眼光看我，排斥我，把我當成外星人一樣避開。

我討厭孤伶伶的感覺，我只想要和大家都屬於同一個世界，屬於這個像泰迪熊熱熱鬧鬧、很有安全感的世界，安穩而幸福，就像小時候媽送我的那隻淺棕色的泰迪熊，有雙清澈無辜的棕色鈕釦眼。

關於那個未知的神祕世界，可以感覺那是一條遙遠的隧道，長滿古老的青苔和銀色的密碼符號，有著神祕的聲音呼喚著。很害怕自己走過隧道，就無法回到這個世界。我不想走過去，只想和媽媽永遠在這一端。

念高校一年級時，我繼續大量閱讀，找了很多東洋占星、西洋占星、塔羅牌的書來看。奇妙的是，似乎一看就懂，而且很快就融會貫通。其中，我特別喜歡西洋占星和塔羅牌。對我而言，西洋占星的宮位和星座，彷彿是可以掌握自己命運的心靈宇宙。

生命真的很像是顆獨一無二的星球，而且是徹底寂寞的星球。每個人出生的那一剎那，宇宙就靜止定格在獨一無二的瞬間，成為一張難以複製的出生星圖，譜滿個人生命的訊息密碼，彷彿來自於外太空的振動，其中奧祕讓我深深著迷。

我喜歡那種感覺，寂寞而跳動的星球。漸漸地，我抽屜中的西洋占星圖表越來越多，我不斷幫身邊的人看星圖。

塔羅牌是頗為奇妙的媒介。塔羅牌的意義是源自於anima mundi，也就是「世界之魂」，牌面的象徵意義，是來自於我們這個大宇宙圖書館中所有神話故事的基本雛形。塔羅牌共有七十八張牌，牌面中的原型人物（archetype）是分成二十二張大阿爾克那（Major Arcana）及小阿爾克那（Minor Arcana），小阿爾克那則包含十六張宮廷牌和四十張號碼牌。

大阿爾克那是最古老的宇宙象徵原型，代表宇宙心靈的進化過程。而小阿爾克那則是後來才逐漸加入。據說這些是源自於義大利一種稱為塔羅奇（tarrochi）的紙牌遊戲，可以反映日常生活事件的深層意義，分成權杖、聖杯、錢幣和寶劍四種樣式。

我不斷探索塔羅的牌義，覺得興味盎然。

塔羅牌的原型是宇宙世界共通的語言，反映了我們內在的心靈結構。外在現象與內在心靈是互相聯繫相關的，只是我們對外在事件的發生與內在心靈潛意識的關連性往往渾然不覺。其實，外在的發生也是出現在我們潛意識之中。

這些塔羅牌的解釋簡直像是神話故事，暗藏許多豐富的隱喻，蘊藏了另一個意義更深遠的神祕世界，圖像的隱微可以引領我到另一個遠方。

我不斷地找相關的塔羅牌書來看，接觸了各派不同的解牌和牌陣，每天都會練習，寫下對自己的預測和對外在事件的預言事件簿。

幾年下來，我已經對塔羅牌熟練無比，感覺上塔羅牌已經成為我心靈的一部份。當我拿起一張牌，彷彿是與自己的心靈對話，轉譯來自另一個世界的訊息。

後來，怪異的事發生了。我發現塔羅牌的圖像似乎自己會說話，牌面上的祭司、皇后或騎士等人物會對我眨眼，或者對我喃喃低語，讓我不知所措。一開始，我還以為自己眼睛看花了，但是，幾次的經驗告訴我，這是真實的。有一天晚上，我又開始例行的洗牌，開始寫塔羅日記，我竟然看到頭戴智慧寶冠的女祭司開口講話。

「妳看到了什麼？」她拿起捲滿曼陀羅花的權杖問我。

我簡直快嚇昏了。不過，很快我就恢復鎮定，畢竟從小我也遇過很多怪事，這並不是頭一遭。

「我……我不知道。」

「塔羅牌是一種教你望內心看的方法。不是往外看，而是往你的內心潛意識看。你靜下來看，就可以聽到它會跟你對話。」

「可是，有時候我的心好亂好煩。」

「靜下來，不要急，你會聽到你內心的聲音。」女祭司緩緩放下她的權杖，打開她膝蓋上的一本書，那是有關生與死的奧義書。

「這是有關光明與黑暗，生與死的書。宇宙充滿對立的兩面，不過，也不是完全對立的，透過修練，我們可以把對立的世界讓它回到唯一。」

「好難，我不懂。」

「以後我慢慢教你，你就會懂了。」女祭司眨一眨深邃的大眼，便沉默如遠古的化石。

後來，女祭司常在每天洗牌練牌時出現，感覺很像是上面派來的私人靈修教練，教我很多有關心靈塔羅的奧義。對於這來自上天的神聖禮物，我只有滿心感激。

在玩牌時，喜歡點上味道很清柔的的薰衣草精油，感覺很舒爽醒神。三次洗牌之後，再分成三疊，根據不同的問題洗成不同的牌陣，女祭司也會傳授給我一些更深階的牌陣。

我不斷地練習著塔羅牌，漸漸地這個祕密也在同學之間傳開了。學校生涯不再枯燥乏味，會算塔羅牌隱然成為同學羨慕崇拜的對象。我從一個沒沒無名的外籍學生，瞬間變成大家爭相請教，頗受歡迎的人物。塔羅牌儼然變成我的活招牌，可以感受到背後同學都投以豔羨的目光。

「薩賓娜會玩塔羅牌喔！」彷彿聽到身後的同學在竊竊私語。

就是不想理他們。後來，他們壓抑不住好奇心，開始巴結我，有人請我吃零食，或者送我小禮物，拜託我幫他們算塔羅牌。一次兩次之後，算牌神準的經驗更讓他們驚奇不已。找我算牌的人越來越多，一夜之間，我好像變成校園裡的風雲人物了。

儘管如此，因為自己是台灣人的身份，在排外的日本同學之間還是有淡淡的距離感。塔羅牌並不會改變這一切。只是，後來我在校園中也小有名氣，連外校的學長也都注意到我。說實在的，心中也有著淡淡的成就感。

我拿起菜瓜布，用力地搓洗咖啡杯。回到現實吧，今天要忙到晚上十點呢。

在這家「挪威森林」咖啡館打工不過兩個月，卻感覺很溫馨踏實，有種在家中的放鬆感。大概是咖啡館裡濃郁的咖啡香，爵士樂和文學氣息吸引著我吧。雖然時薪並不高，可是我卻很喜歡調咖啡，送咖啡，洗杯盤，融入沉默有活力的咖啡館脈動。總之，就是很對味。我相信，人會找適合自己的地方，而場所也會發出震幅相當的波動來吸引適合的人。

我就是在這種互相吸引的情況下來到「挪威森林」。

後來，我也幫來咖啡館的客人算牌，採預約制。時間排得很滿，每週只能預約三位客人。可是，後來卻也漸漸增加到五位。「薩賓娜的塔羅牌」開始在T大校園圈子裡小有名氣，我可以慢慢存點錢，賺自己的學費，真的希望有一天可以幫媽減輕負擔。

不過，我覺得幫人算塔羅牌，最有收穫的是我自己。

藉由算塔羅牌，我學會和不同的人接觸，也接觸到人們各式各樣不同的煩惱。身體周圍發出不同色調的人們，被都市陰影吞噬的人們，被內心陰影困住的人們，不同的慾望，不同的痛苦，不同的期望，塔羅牌一張張地洗出人們內心的渴望與煩擾。我好像變成一個讀夢者，解讀人們潛意識中夢的語言，掀開他們夢境背後的寓言。

我喜歡這種在城市心靈間漫遊的感覺，讓自己得以偷窺別人隱藏在內心的問題，彷彿活在達利畫筆下的超現實空間。在夢與真實的縫隙之間，有著微微的藍紫色亮光，夢飄散著淡淡的薰衣草和炭焦的味道。我穿著白色的袍子，赤腳飛翔。

飛翔。從小我常夢到自己在不知名的地方飛翔，沒有翅膀，卻可以自在遨翔。

「我想問愛情，我想知道同事對我的感覺和想法。」一位身穿土耳其藍洋裝的上班族小姐問我。

「先洗牌，靜下來想妳的問題。」我熟練地攤開眼前的義大利偉特牌。

她洗完後遞給我。我俐落地再攤成扇形，請她抽出其中的四張牌，用戀人三角牌陣幫她算這個問題。

「你抽到的一號位置是逆位權杖二，這代表是妳自己的狀態和想法，二號位置是金幣六，這代表對方的狀態和想法。三號位置是聖杯四，這代表你們現在的狀況，四號位置是逆位寶劍五，這是你們未來的發展。」

「這些牌代表什麼意思啊？」

「目前妳的心態是很急切的，逆位權杖二可以反映妳的急切與不耐煩。而妳同事的態度卻是金幣六，也就是說他希望的是真正實際的支持，他希望他的女友是可以在現實層面給他協助，而非只是光說不練。你們目前的現況是聖杯四，這代表你們現在關係有過度安定的感覺，似乎有點意興闌珊，沒有活力。這幾個月，你們可能會覺得難以溝通。」

「那怎麼辦啊？我還蠻喜歡他的。」這位小姐把頭一偏，長髮一甩。

「依照牌面來看，他也不是完全對妳沒意思，只是他要的是能夠拿出實際行動協助他的那種女友。我建議妳可以多在公事上幫助他解決一些雜務，或者幫他跑跑腿，買買東西，讓他感覺妳是一個有力的助手，他會發現妳是不可或缺的，你們之間的關係就會有所進展，也會突破目前有點停滯的現況。」

「真的嗎？那太好啦！」這位小姐笑了，滿臉燦爛。

她拿給我一個紅包之後，便踩著輕快的步伐離去。

下一個則是愁眉不展的一個學生來問他碩士論文考試的問題。

我用行動方案牌陣與工作生涯牌陣交叉應證他的答案。

夜漸漸深了，時間已經是十點。我收拾一下塔羅牌和紫色桌巾布，和小賴打聲招呼便回宿舍休息。

在「挪威森林」咖啡店打工，是我很愉快的時光。

老闆很有個性，堅持著低調卻知性的風格，對員工也不囉唆。店裡的色調是深咖啡色，爵士樂的海報悠悠地望著喝著咖啡的客人，唯一的缺點是不禁煙。

在調咖啡，送點心之間，雖然忙碌，可是聽著爵士樂輕輕地流洩著，我的心情可以調到與音樂合拍，暫時忘卻一切煩惱。感覺上，這裡好像城市裡的一顆咖啡膠囊，讓人上了癮，隨時治癒人們的疲憊煩憂。

對我來說，在「挪威森林」至少可以暫時擺脫T大學業的壓力和丹尼斯的糾纏，忙碌於工作，讓我無暇煩惱，一切都是那麼流暢而閃亮，就像爵士樂的音符一樣。

咖啡館外面是安靜的小巷子。

我常常在洗杯子時眺望一下外面的綠色植物。我喜歡那種安靜的感覺，雖然隔條街就是車水馬龍的新生南路，可是頗有鬧中取靜之感。窗外，也常有好奇的學生往裡面張望。

咖啡館旁邊是「玥」飲茶餐館，也很喜歡那裡的奶茶火鍋，把香醇的奶茶與火鍋料做完美的結合。到了冬天，一定會找阿姨一起去品嚐。

在「挪威森林」這個與世隔絕的角落裡，感覺像是口小小的天井，上方照射進來安靜的天光與凍結的幸福感。很喜歡這種歸屬感，感覺不再寂寞。

一邊洗著杯盤，一邊與一同打工的小賴嘩啦搞笑，深夜也不再孤寂。深夜的咖啡館，在城市的夢裡半瞇著眼，穿透人們的潛意識。

有時候，客人不多的時候，我也會拿出塔羅牌，無意識地開始洗牌問問題。這像是鋼琴家每天必做的練習，據說鋼琴家每天一定得練個七八個小時。在洗牌和解讀牌面之間，靜下心神，也讓自己的靈感更敏銳。

我也會每天和塔羅牌自我對話，藉由這樣的練習，探索自己的內心深處，希望逐漸可以聽到最隱微的心靈之音。

我的手指飛梭著，熟練地洗過一張張牌。

「妳最近有點低潮喔，不要掉入陷阱。」美麗智慧的女祭司望著我。

「怎麼辦？我覺得丹尼斯太依賴我了，他對我的束縛太緊了，我真的有點喘不過氣。」

「妳想要怎麼辦？」

「我想要逃走。」

「逃走？他不會答應的。你們目前的狀況是被繩索捆住。」女祭司翻翻她的智慧之書。

「妳覺得逃走就可以解決問題？」

「我們的個性不適合，我想要自由。」

「妳是個自由女神，沒有誰可以綁住妳。你們註定要兩敗俱傷，除非有一方可以透視這個謎題。」

「透視謎題？什麼謎題？」

「以後妳會知道的。」

女祭司又恢復沉默，繼續平視著薔薇木的花叢。

我低頭繼續洗牌，一張飛過一張。

女祭司丟給我一道難解的謎題，可是真的不知道她在暗示什麼。我只知道我和丹尼斯漸行漸遠，我們的個性實在差異太大了。我直覺知道我們的關係並不會維持很久，只是不知道該如何結束。

又抽出幾張牌，排成生命之樹的牌陣，想看一下自己最近的情況。

在「現在」的位置上，抽到一張寶劍國王。

拿著牌沉思冥想，似乎聽到寶劍國王漸漸傳出聲音。

面貌莊嚴的寶劍國王，披著高貴的金黃色披肩，手拿智慧寶劍，用低沉的嗓音問我：

「妳最近需要一點決斷的力量了，孩子。」

「可是，我又下不了決心，就是在要與不要之間擺盪。」

「猶豫不決會壞事的，妳要學會相信自己的直覺，聆聽妳的內心。」

「我覺得我的內心充滿很多不一樣的聲音，我不知道該何去何從。」

「靜下來，孩子，妳要懂得讓自己安靜，往自己的內心看。」

「好吧，我該怎麼做？」

「首先，先安靜地觀察周遭，不要做主觀的判斷，不要讓好惡影響妳的情緒，該做事的時候就做事，該休息就休息。」

寶劍國王對我眨一下眼睛。

「這個世界是一個夢，一個很真實的夢，可是不要迷失妳自己。不要忘了，這個世界是妳作的一個幻夢，主宰者還是妳自己。」

「可是萬一覺得自己陷入一個惡夢之中，醒不過來，該怎麼辦？」

「這是因為妳覺得是惡夢，所以會覺得更加痛苦，妳要從另一個角度來觀看，夢的本質是空的，美夢惡夢都是夢，妳要跳出來看，就會比較釋懷了。」

「可是，我覺得這些痛苦很真實啊？」

「妳想一想，晚上作夢時妳在夢中也很投入，在夢中有真實的喜怒哀樂，可是一早上醒過來，什麼都沒有，就是那樣。」

「我好像有點懂。」

寶劍國王用寶劍指著遠方，放出一道青色的光芒，隱入天空。

我看著牌面，心情似乎比較好一些。

真的很感謝這些塔羅牌守護靈對我的教導，也許有一天我會開竅吧，也可以當個智慧的解夢者。

世平常常會寫信給我。

他信中提到的不外乎是他最近看了哪一本書，哪一部電影。收到他的信紙，淡粉藍色信紙和端正有點偏右的字，讓人感覺擇善固執的一面。他的文筆不錯，我們也同樣喜歡電影導演奇士勞斯基和安哲魯洛普斯，都欣賞奇士勞斯基的紅白藍系列和安哲魯洛普斯的《尤利西斯生命之旅》、《永遠的一天》和《霧中風景》。對生命旅程不斷的質疑與追尋，讓我們深深著迷。我們都是生命的旅者，不斷拋給自己問題，不斷地探索這個神祕世界。

國小六年級之後就到日本，那種不安全的漂浮感讓我想要找一份很安穩的感情。沒有父親的關愛，還好有母親濃濃的愛。家庭的形式並不是最重要的，家人彼此之間真實的關愛交流才是我最在乎的。彷彿像是尤利西斯一樣，不斷追尋一份認同感和歸屬感，這是讓遊子覺得安心的所在。

我笑說，我是浪女，他是浪子。

只是，這一次，何處才是我停泊的渡口？

我真的不知道。

我覺得和世平之間似乎有種很熟悉的感覺，像是前世親人彼此依賴，卻非情人之間濃烈的悸動。

明知我有男友，他對我還是一往情深，還是繼續寄信給我，安靜而有耐心地守候。

可以感覺他對我的用心，只是我很清楚我們之間的緣分並不屬於世間，而是屬於更高的存在。

只是，有時候會想自己是否太自以為是？應該給他給自己一個機會才是。我們之間似乎從來沒有所謂的開始，從一認識就是好朋友，所以太難打破那種僵化固定的模式。

我們繼續通信，交換著彼此的日常點滴與許多的心照不宣。我們之間飄散著淡淡的愛慕，淡淡的童年回味，這對我來說似乎已經足夠了。

只是，相對於世平的無怨付出與等待，我是不是太自私了一點？

……… 第三章 ………

星星

THE STAR

有誰像我們一樣相愛？且讓我們
搜尋一顆心燃燒後剩下的古老灰燼，
並且讓我們的吻一個接一個落下，
直到空無的花朵再度升起。

一種由新傷口開啟的清新，
一如那古老的愛，無聲穿過
湮沒眾口的永恆之境。

——聶魯達《一百首愛的十四行詩》

剛認識的前三個月，我與丹尼斯的熱度達到了頂點。只要有機會，我們會不斷地長吻。不過，在植物園裡的初吻，倒是一點也沒有想像中美好。

仲夏夜的植物園裡，白天的鬱熱一掃而空，像是剛從冰箱裡拿出的可樂一般冰涼，空氣中散發著夏夜爽脆的清香。

丹尼斯邀我到這裡散步。那時我們剛認識不久，想要刺探對方身體的慾望才正萌芽，盛夏夜裡蓊鬱的熱帶植物葉叢裡，無疑是最佳的去處。

白晃晃的路燈，映照著園裡穿梭的黑影。

「你接吻過嗎？」他側著臉問我。

「沒有。」我老實回答。

「真的嗎？要不要試試看？」

說真的，在我們那群女同學中，我算是相當晚熟的。繁重的課業已經讓我透不過氣，個性封閉，也沒有扔開一切的瀟脫，從不會蹺課和男同學出遊。我知道系上的蕙美和露茜早已和男朋友發生關係。有時她們還會故意炫耀，儼然已經探勘過另一個陌生世界。我在她們眼裡，不過是個只會啃書，容貌平凡的書呆子而已。

不過，我一點也不在乎別人奇異的眼光。

雖然還沒談過戀愛，可是我絕不會把倆個人之間的祕密，不管是情感還是肉體經驗，這麼輕易地告訴別人。

真的很厭惡這種向別人炫耀的暴露狂，這又有什麼好說的。

討厭露茜那種隨隨便便的態度。

並不是很八股，只是我認為感情是一種身心靈的結合，怎麼可以當成兒戲？而且，我很有潔癖，如果隨便和別人發生關係，那豈不是把自己的感情看得很廉價嗎？

才不願意如此販售自己，像是愛情的自動販賣機，隨付隨售，用完即丟。

再說，兩個人的親密世界應該是私密的，怎麼可以拿來嚼舌根，變成別人茶餘飯後的八卦呢？難道，她希望別人窺探她的隱私嗎？

我絕不會讓別人去偷窺我和丹尼斯之間的親密空間，那簡直匪夷所思。

「我會讓妳有不一樣的感受喔。」丹尼斯撥撥我前額的頭髮。「來，我們進去好了。」他身手矯捷，跳過圍著植物的高欄，然後伸出手想要拉我。

我努力地掙扎爬過欄杆，跳進草叢裡。

我們坐下，他把臉湊過來，輕輕托著我的臉頰，然後把嘴唇湊上去。一開始，我沒有任何感覺，只是覺得他的舌頭似乎扳開我的嘴唇，恣意前進探索。味蕾似乎有種皮革般的韌性和味道，他的舌頭繼續舔舐我的上顎，又翻轉過我的舌尖。訝異之餘，我輕輕推開。

不過，除了奇特的味道之外，似乎沒有小說裡面寫的那樣美妙纏綿。坦白說，我倒是有點失望。不過，他卻沒察覺我的反應。

我們繼續擁抱了一會兒，草叢裡蚊子又多，便急忙跨越欄杆走了出去。

我們沉默地在鋪滿樹葉的小徑上漫步。

這無疑是一種無言的宣誓，我們親吻了，而這是我的第一次，我心裡有種滿漲的甜蜜感覺。丹尼斯把手輕輕攬在我的腰上，我望著地上互攬的雙人身影，不禁微微一笑。

那天我陪系上學姊詩欣去做檢查，她胃部有些不舒服。

走下市立醫院的階梯，我才發覺肚子餓得咕嚕直響。我們走到附近的一家便利商店買飯糰和冰綠茶，然後坐在醫院旁邊小花園的座椅上安靜吃著。

陽光灑在這座小花園裡，似乎多了幾分死亡的肅穆氣味。病人和家屬買了便當和三明治，在花園裡四處散坐著用餐。此刻，連進食的動作都有點像黑白電影中，慢動作的分隔畫面。

「學姊，妳畢業後要找什麼樣的工作？」我問學姊。

「嗯，現在還沒什麼打算。我想先找個短期兼差的工作就好，或許會考慮再考研究所吧。」學姊順勢攏一攏她的長髮。「反正，我還有幾個月可以賴在宿舍裡白吃白住，不急呀。」

「妳的男朋友呢，要當兵了嗎？」我又繼續問。

「管他，他只是我的stand by而已，大家好聚好散。」我想起她的男友濃濃的大眉，相當神經質的感覺。

「妳愛他嗎？」我問。

「哈，妳還真呆，我也只是他的備胎罷了。」學姊努一努嘴。有點不懂，至少這不是我愛情的邏輯。

米蘭昆德拉曾說過，在愛情產生的瞬間，你會完全明明白白，女人沒有辦法抗拒任何呼喚她受驚靈魂的聲音，而男人則無力阻擋任何靈魂正在響應呼喚的女人。

這對我來說，的確是真理。因為我常可以聽到一種隱約的聲音在看不見的遠方呼喚著，彷彿像遙遠的夢，在半夜醒來就可以聽到夢的呼吸聲，感覺有種深沉的安慰感，緩慢流竄全身。

記得在大一的時候，常在半夜醒來。宿舍房間裡睡著其他五個女孩子，微微的鼾聲透過灰白柔軟的蚊帳傳過來，一個香港僑生，兩個馬來西亞僑生，其他都是本地生，都睡得很熟。空氣裡有一種屬於年輕女孩淡淡的乳香，混著仲夏鬱鬱的濕氣，窗外的七里香也散發淡淡的香氣，有種隱隱的騷動傳了過來。

我坐起來，腳跨到冷冷的金屬床桿上，坐成Y字形的姿勢。睡不著就是睡不著，坐了一會兒之後，我順著金屬梯子爬下來，走到角櫃找出咖啡罐和馬克杯，再輕輕推開門，走到樓梯間的飲水機盛點熱水。

半夜的女生宿舍有點像黑白的達利作品，鐘擺扭曲，時針分針散落一地。有著青春肢體的女孩子們趴著側著，手腳睡成奇怪的角度。整棟大樓沉睡著，永遠都不會醒來似的，有點駭人的甜蜜感。現實在黑暗中轉化成一種介於非現實和夢之間的透明薄膜，帶著微微發亮的螢光色，輕薄得就像便利商店買的透明塑膠雨衣，一陣風來，隨時都會飄走。

在這個時候，我常會聽到一種神祕的聲音從遙遠的地方傳來，也許是從另一個世界的某一端傳來的吧。有種宇宙金屬碰撞的質感，有水晶的透明度，很輕脆，很形而上，不是我可以解碼的神祕訊息。不過，我可以感覺得到，就像蒙著一層紗的臉部輪廓，可以觸摸得知。

神祕的聲音到底要傳遞什麼形而上的訊息？是我不小心走進它的夢裡？是誰在呼喚我？還是另一個自己在喚醒自己，彷彿就像自己照鏡子一般？這種情形常發生過幾次，久而久之也習慣了，就像漸漸習慣隔壁床的艾達在半夜打鼾。

不過，我還是希望自己平凡過日子就好，不想要知道太多在這條線以外的事。就如同日本真言宗的結界，劃上界線，把害人的妖魔鬼怪全部擋除在外。我還沒準備好接收其他的訊息，只想當個平凡的女孩，有溫馨的戀愛就好。

只想當自己，擁有平凡的幸福。

昨天週六在「挪威森林」代小賴的班，一整天泡咖啡洗杯子，覺得渾身痠痛。我待在自己的紫色小窩，打算狠狠地睡上一天。而且，已經先告訴丹尼斯今天不要吵我，讓我靜一靜。至少，我可以遠離他的箝制二十四小時。

手機響了幾聲。

世平傳簡訊給我：「淡水海邊，六點ＯＫ？」我瞄一下手機，已經下午五點了。To be or not to be?又是哈姆雷特的老問題。不知不覺，我打開手機，回給他簡訊：「ＯＫ」。真的搞不懂自己，到底在期待些什麼？

在半睡半醒之間，揉揉眼睛，換掉小碎花的棉睡衣，穿上一襲淡藍色洋裝，夾腳涼鞋，手上再配個藤包，便匆匆出門搭捷運。

搭捷運到淡水是頗愉快的旅程。丹尼斯和我也一起到過淡水，其實我最愛的還是一個人遠走天涯的感覺。車廂快速穿過都市叢林，蜿蜒衝向山林大海的感覺很痛快。在安靜的車廂中感覺很有安全感，彷彿放進時間膠囊，一幕幕地觀看從前的自己，很多前塵往事會突然浮現眼前。

深深陷在回憶的濃度之中，只有窗邊綠意刷得我滿胸清涼快意。

擺盪在丹尼斯和世平之間，並不是我希望的，可是這種矛盾與衝突，也讓我深深思考他們兩人之間的差異。

這真是兩難，就像是愛爾蘭咖啡和純度威士忌，各有不同的口感和特質，讓人難以抉擇。

世平和我之間有宿世的熟悉感。他很懂得欣賞我，很會細心呵護，彷彿愛爾蘭咖啡一般香醇濃郁，回味無窮。丹尼斯就像是純度極高的威士忌，淺酌一口便渾身發燙，有著夢魘般的快感。而我，是不是太貪心了？什麼都想要？

很快地，班車便到了捷運淡水站。

站在淡紅色的車站月台二樓，俯瞰一望無際的大海，胸中覺得一陣暢快。彷彿回到童年的海邊，和家人嬉戲愉快的場景。以前，曾經和爸媽一起到海邊，弟弟興奮地在海邊跳躍大叫。上次，丹尼斯和我在這個月台也曾經熱烈擁吻，那種滋味有股奇異果蛋塔的香氣。

輕輕走下月台，在快要下山的時候，淡水的夕陽有著世紀末的氣氛，暈黃的光線灑向大海的盡頭，一切都被吞沒，一切愛恨情仇都被吞吐納息，在夕陽光線的長鏡頭中，一切都是那麼不真實，暈染著華麗死亡的淒美。逼臨幻滅的前一剎那，帶著威脅性的美，讓人胸口喘不過氣。

我和丹尼斯的愛情是否也將如此落幕？

六點十一分。走到捷運站一樓，一眼就看到穿著深藍色襯衫的世平。

他一看到我，便笑著露出潔白的牙齒。

「妳來了，會不會很趕？」

「不會啦。」

我們一起默默走著，走過海邊朵朵白色的咖啡座。

他突然拉住我的手，試圖拉近我和他之間的距離。

這應該是我們第一次牽手吧？

我想要掙開，卻發現他把我的手握得好緊。他的手溫厚而略濕。

我放棄掙脫，索性讓他繼續牽著我的手，也許這種在友誼和愛情之間擺盪的焦慮，讓他很掙扎吧？

這一點點的溫暖，我給的起。就怕這點星星之火，瞬間燎原，而我怎麼安全逃亡呢？我真的不知所措。

我們繼續默默地牽手散步。

六七點之間的淡水，是屬於情人的。很多情侶到這裡來散步，有年輕戀人，也有白髮老伴。

「妳知道我們認識多久了？」

「十幾年了吧？如果從國小三年級算起的話。」

「我們真的很有緣。小三的時候，我們坐在一起，那時候我就很喜歡妳了。那時候班上有很多人喜歡妳呢，只是妳當副班長，一板一眼，都不理人。」

「才沒有呢！人家只是不想和臭男生一起玩。」

「妳還真的是神祕莫測喔。妳那時候簡直就像是小公主，功課好作文比賽又得名，是大家愛慕的對象。」

「小時候的光榮事蹟沒有什麼好提的，到日本唸書之後也不怎麼突出。」

「後來聽說妳小六離開台灣到日本，真的很難過。雖然很捨不得妳走，還是假裝沒什麼事。」

「我剛到日本的時候，好懷念在台灣唸書的時候，我還會偷偷在被子裡哭呢。」

「你知道嗎，後來我還是常騎腳踏車到妳家附近繞繞，希望妳有一天會突然出現，讓我意外驚喜。」

我的腦海裡浮現一個小男孩騎著腳踏車，一圈圈地繞著老家的畫面。

「後來，我還是常問阿姨妳到日本的情況。」

後來，世平也和開服飾店的阿姨成了很熟的朋友。

「知道妳要回台灣唸大學，我興奮地好幾天睡不著覺。我有太多的話想對妳說，可是看到妳卻一句話也說不出來。」

他把我的手握得更緊了。

「最近打工怎樣？」

「還好啦。」

和他在一起的感覺就是很溫暖，雖然只是淡淡的問候，真摯的心流露的話語，似乎很有撫慰的效果，腳步越來越輕鬆。和他在一起，感覺很舒服。不像和丹尼斯在一起那麼充滿張力，每個瞬間都讓每根神經異常緊繃。

我們繼續沿著海邊走。

充滿鹹味的海風迎面吹來，夾雜著魷魚、花枝丸和烤蕃薯的香味，似乎更挑逗著味蕾，讓人有飢渴的感覺。在海邊的人們，三三兩兩走著，海浪拍打著，浪濤的聲音安撫著疲憊的靈魂。

我們繼續走著，似乎一輩子都走不完。

夕陽的色調越變越暗沉，華麗的金黃瞬間轉為高貴的紫色絲絨，海面一下子便沉靜下來，變成黑夜韻律的節拍器，一拍一拍敲擊著宇宙潛意識，呼喚著人們遙遠的記憶。

我們之間到底是怎樣的宿命？

實在很難想像我、丹尼斯和世平三個人的未來，到底會如何糾結纏繞，也許這就是一種奇特的緣分。如果有通靈之眼，我真的很想回到前世，去看我們的前世今生。

不過，與其尋求無法印證的前世，不如更實實在在，珍惜眼前的這一切。世平對我的好，我知道。而丹尼斯那種濃烈的情感，也讓我有戲劇性的衝擊。這兩種不同的調性，天差地別，沒有對錯，感情只有兩人是否搭軋的問題。

我們繼續走著，到一家充滿藝術風味的Air Blue咖啡餐館用餐。

漂流木裝飾的天花板，貝殼相嵌的牆面，再加上白色的桌椅，有一種海中漂流的味道，我們就是宇宙流浪異鄉的遊子，互相取暖，一起面對未知的命運。

看來，我又開始搖擺。

本來不想和世平單獨出遊，卻又身不由己。深怕愛吃醋的丹尼斯知道的話，一定會把我給殺了，這絕不誇張。

我知道，在潛意識中，我似乎想要挑釁丹尼斯的專制與控制。難道男女之間不能有友誼的存在嗎？再說，我和世平之間根本沒什麼。

我點了卡布其諾和焗烤海鮮飯，他點了水果茶和白酒義大利麵。暈黃的燈光一盞盞地漂流在黑暗的空氣中，我們的距離似乎更近了。不知為何，似乎很久沒有這麼輕鬆吃飯。或許，這陣子活在丹尼斯的陰影之下，覺得連呼吸都很有壓力吧。

愛情的獨佔性真有那麼強烈嗎？所謂愛情，真的需要把兩個人綁得那麼緊，絲毫沒有喘氣放鬆的機會嗎？丹尼斯的佔有欲這麼強，我真的不知該怎麼和他繼續走下去，這場愛情似乎註定要讓彼此筋疲力竭，拉扯耗損彼此的能量。

我只知道我真的很想有空白，很想自由呼吸，沒有壓力，沒有束縛，如果愛情是如此煩惱與束縛的話，我倒寧願選擇淡淡的友誼。至少，讓我覺得活著是一種快樂。

兩個人在一起應該就是要快樂吧？不然，還是一個人輕鬆自在就好。

我們一邊吃著，一邊閒聊。夜，已經越來越深。而我們之間，似乎發散同心圓式的靈波不斷交泛著，成為一種心靈的共振。

我似乎有點微醺。

後來我們離開Air Blue時，已經九點多了。世平和我一起搭捷運回去，只是他必須在火車站轉車。

我們望著彼此的倒影，在夜間的捷運列車窗上。也許，他已經察覺出今晚我的軟弱，我似乎一步一步卸除防禦裝備，在他面前顯露出赤裸的自己。他的手還是緊緊握住我的手，十指相扣。

我們又繼續沉默著，讓列車帶我們駛向未知的命運。

三月的T大校園瀰漫著一種浪漫的氣氛。

杜鵑花開了，開得滿城粉紅粉白，羞怯的花瓣隨著小雨淋濕了春天的髮際。

隨意在校園漫步，可以恣意感受空氣中的戀愛因子，似乎走著走著就快醉了。

剛考完月考，感覺很輕鬆。對我來說，大一的初級日語、日語聽講實習和日語習作簡直太簡單了。在日本待過六、七年，還唸過日本的高校，生活日語已經不成問題。不過，大一共同科目倒是比較需要花時間背誦，考前一晚我可是K了好久，希望可以順利過關。

我走過文學院後面，繞到福利社大樓。爬滿長春藤的牆面，也開滿了紫紅的小花。我三步併兩步爬上樓梯，走進速食店點了份漢堡餐。

黑白方格的牆面和地磚頗有美式風味，一早店裡面就有不少人在看書聊天。

丹尼斯和我約在這裡吃早餐。

等了一會兒，丹尼斯騎著車來了。他穿著黑色的醫學系系服，斜背著黑色大書包，手腳俐落地爬上樓。

「薩賓娜，比我早喔。」

「你的微積分考得怎樣？還好吧？」

「不用擔心啦！一定All Pass！妳吃完了嗎？」

「嗯。趕快去點餐吧。」

丹尼斯在排隊的幾個人當中顯得很突出，他的身材高瘦，黑色身影更襯得他的輪廓很帥氣。

我記得醫學系的蘇菲雅就曾以羨慕的口吻對我說：「妳的男朋友好帥喔。」

的確如此。他很有異性緣，走到哪裡，就會有愛慕的粉絲圍繞。不過，我並不會擔心他會背叛我。因為他遠比我想的還要專情。以對感情的認真程度來說，我遠遠不及他。不過，有時候倒覺得他的認真有點異於常人。

等丹尼斯吃完早餐後，便一起到校園散步。

並肩走過杜鵑花叢，走到理工大樓前的時候，丹尼斯故意放慢腳步。

「薩賓娜，等一等！」

我放慢腳步。他牽著我的手，繞過前面的花叢，走到後面。

草皮上有著一小圈杜鵑花瓣，走上前去看清楚。

S. I love you。

我笑了，搞什麼嘛！

丹尼斯的手繞到我的腰後，把我抱得緊緊的。

晚上六點，我準時到「挪威森林」打工。

有時得忙到十一點才下班，丹尼斯會很有耐心地到店裡接我。我跟他說不用了，可是他很堅持。他說他只是希望多看看我，可是我覺得很彆扭。他在角落等我，專注看我的眼神，不知怎的，讓我頗有壓力。

我是不是神經太過敏了？別的女孩可是羨慕死了。

在他的注視之下，很不自在，我覺得這很像是一種監視吧？難道是怕我和別的男孩子聊天搭訕？

我也許想太多了。

我繼續洗著杯子，轉身繼續調著卡布其諾。

感情就是這樣嗎？一對一的關係就是如此甜蜜而羈絆嗎？

我瞄了瞄坐在角落裡的丹尼斯，他正翻著雜誌。身邊正在洗杯子的小賴，對我使了眼色，嘻皮笑臉。

「初戀喔？」

我偷偷用手搥他。小賴雖然平常嘻嘻哈哈，可是對人的敏感度很強，可以一眼判斷客人的心情與背景，這點我可是佩服得五體投地呢。

丹尼斯繼續翻著雜誌。

不太喜歡這種被監控的感覺，很像是被豢養的小寵物。也許丹尼斯喜歡這種甜甜蜜蜜，長相廝守的感覺。可能我很怪胎吧，很討厭無時無刻膩在一起的感覺。兩個人的世界未免太狹隘了，個人自由的空間不也很重要嗎？

丹尼斯常約我一起唸書，我們也常到校內圖書館看書。他覺得我的理科數學太差，執意要幫我補代數，也要我看物理的黑洞理論。

我反問他，有這個必要嗎？他卻想要把我塑造成十項全能，也許是他想要在我面前表現他最擅長的科目。只是，我覺得太有壓力了。我本來就是語文很強，數理科很爛，怎麼可能會有動力把那些深奧的學理看懂？

我不懂丹尼斯真正的用意為何。每一次他找時間幫我上代數，我就心底暗暗生悶氣。我需要這些東西嗎？看不懂時，他為何又要嘲笑我太笨？把別人踩在腳底的感覺，只是為了凸顯他的優異？

我漸漸覺得丹尼斯是否太幼稚。他是T大醫學系的高材生，從小一路都是成績頂尖，他根本不懂別人成績落後的感受。他是天之驕子，不識人間疾苦。我在他面前，越來越沒有自信，越來越抬不起頭。

畢竟，我還是自尊心頗強。

後來，我在T大側門遇到和丹尼斯同班的麗莎。雖然只有碰過幾次面，丹尼斯也跟我介紹過她。麗莎遠遠便叫住我。

「薩賓娜！我想跟妳聊一下。」

「不好意思，我下一節有課，下次吧？」

「我只耽誤妳幾分鐘，好嗎？」麗莎張開手臂攔住我。

「我問妳，妳對丹尼斯是真心嗎？他已經認定妳是他的女友了嗎？」

我愣住了。不愧是理工科女生，說話單刀直入，讓人無法招架。從她的話，我也可以看出麗莎對自己的自信滿滿。

「應該是吧。」我點點頭。

「我對丹尼斯告白了，他卻拒絕我，我實在難以相信。」麗莎瞪大眼睛說，臉上好像看不出她的難過。還是，她故意掩飾內心的脆弱？

「真的嗎？」我也不知道怎樣安慰她。感情這種事是很難以外在的條件來論斷的。我覺得麗莎似乎有點太天真，過於直接的切入讓我倍感壓力。

難道她覺得感情是一種競賽，以她的條件與我比較，她就應該要贏嗎？我覺得這樣的思考方式未免太幼稚了。

「大一開學後，我就對丹尼斯有好感了，只是他好像對我不太在意，我們班上也有其他女孩子很欣賞他呢。」麗莎繼續說。

「沒關係，我會繼續再努力，我不會這麼輕易放棄的。」麗莎仔細上下打量我，眼神中透露出必勝的殺氣。

我覺得她真的很有自信，只是她未必真正瞭解丹尼斯的內在特質，大家都被他的表相所矇騙。麗莎揮揮手，就一溜煙走了，只留下有點悻悻然的我。

隔天晚上，丹尼斯和我早就約好要參加醫學系和外文系的系辦聯誼舞會，地點在T大附近的Bonjour。我提前和挪威森林的老闆請一天假，上完課後就到宿舍換上閃亮搶眼的派對裝，刻意化有點濃的妝，畫眼線刷深紫色睫毛膏。在Bonjour的舞會燈光下，希望能閃閃動人，讓丹尼斯看到不一樣的自己。

我挑了一件只有在派對才會穿的miu miu黑色露肩小洋裝，那是媽媽在日本東京三越百貨幫我買的二十歲生日禮物，很昂貴的。那時，我還幫媽媽心疼很久，可是媽硬說要給我當成年禮。穿上之後，再戴上今夏流行的紫色珐瑯串珠項鍊，搭上金色高跟鞋，感覺就很簡潔優雅。

也許，潛意識裡我不想被外文系那些花蝴蝶比下去。

七點，丹尼斯準時在女生宿舍門口等我。他看到我出現，臉上露出驚訝的表情：「薩賓娜，妳變得好美！」

我頗得意。女生本來化妝前後就是兩張不同面孔嘛。可能平常我穿的比較隨性，屬於自然舒適型。不過，在派對時，就要好好變裝，讓自己瞬間轉型。我想，今晚，我應該算是有點成熟艷麗吧。

丹尼斯穿得一身深黑色，敞開的胸前戴上皮製銀片項鍊，標準酷冷型男。我坐上他的賓士小敞篷車，感覺很拉風，瞬間飆上一股擋不住的虛榮感。路邊的行人一路盯著我們。

我可以瞭解麗莎一票人為何對丹尼斯念念不忘，而且對我有強烈的敵意。以丹尼斯家的經濟實力，他的確是所謂的豪門子弟。有誰不想嫁入豪門當少奶奶，何況他那麼英俊有型，又是個準醫生？

不過，我覺得感情應該是兩個人心靈的契合，難道當少奶奶享受榮華富貴，就會快樂嗎？我真正的快樂是什麼，我到底要的是什麼？

在賓士車上，興奮的感覺突然冷卻，我陷入思考之中。

「別發呆了，到了！」丹尼斯熟練地把車子停在Bonjour的停車場。

走入Bonjour大廳，挑高的天花板垂下一盞豪華的水晶燈，義大利橘色手工皮沙發，牆面中間還有裝飾用的壁爐，角落裝飾著誇張的花朵，黑白格子的大理石地板，Armani特有的米白色椅具，耀眼的巴洛克式裝潢。從這些努力堆砌的細節來說，Bonjour的確是間高檔的Lounge bar。

丹尼斯挽著我的手，走進裡面的洛可可舞池。

醫學系和外文系一堆人早就在裡面了，大家打過招呼，就各自找座位坐下。在奇妙的空間設計下，高大豪華的巴洛克椅背擋住了隔桌的視線，座位變得很隱蔽，可是跳舞的空間卻很空曠。

丹尼斯和系上的布萊恩、麗莎打過招呼，拉著我找座位坐下。

麗莎穿著露胸的豹紋裝，加上深色絲襪和誇張的大銀圈耳環，梳高的馬尾，感覺好野豔。她逕自朝著我們走來。

「嗨，丹尼斯！你們來啦。」麗莎身上一定塗了一公升的香水，而且是最濃的Poison香水。

「薩賓娜，妳不介意把丹尼斯借我一下吧？我可以邀他跳一首嗎？」麗莎眨著超長超濃厚的睫毛對我說。

「請便。」我沒好氣地說。

麗莎拉著丹尼斯走下舞池。池中已經有不少系對在擁舞，舞台星光閃爍之下，高瘦俊挺的丹尼斯與性感的麗莎頓時成了大家目光的焦點。

他們兩人擁舞著，蛇似地扭動身軀，應和著狂野的節拍，好像在上演一齣動物的求偶舞。一個跨步，丹尼斯還摟住麗莎的小蠻腰，做三百六十度大迴轉。

丹尼斯是國際標準舞的高手，只是我對跳舞沒什麼興趣，所以他也很少帶我來跳。

他摟著麗莎，倫巴已經換成布魯斯。

大家都快瘋狂了，不時拍手讚賞。我咬著嘴唇，把頭調往別的方向。

終於，丹尼斯和麗莎跳完了。我看到麗莎不時對丹尼斯拋媚眼，笑得很勾引。丹尼斯臉上的線條變得很柔和，他對麗莎似乎也不是那麼冰冷，拒她千里之外。他們小聲地笑談著，走回座位。現在的樂曲已經變成最近流行的騷莎（salsa）。

「薩賓娜，要不要也來跳一首？」麗莎故意問我。

她是故意挑釁？

「不用了，我想回去。」我真的不想加入戰局。丹尼斯看我臉色不太對勁，便拉住我坐下，幫我點一杯馬丁尼。

丹尼斯握住我的手，試著安撫。

心裡很不是滋味，難道我對丹尼斯很在意，潛意識裡還是深愛著他？

「我還要和Alex跳舞，那bye囉！」麗莎扭著屁股走了。

丹尼斯握緊我的手，他還湊過來輕啄了我的臉龐。

其實，我知道這只是麗莎故意試探我的應變能力而已，她也想看看丹尼斯與我之間的互動，這純粹只是刺探軍情。

看來，麗莎除了會唸書以外，還頗有心機，做事也很有手腕。相較之下，我真的是稚嫩多了。不過，我深信丹尼斯並不喜歡麗莎那一型的女孩子。這一點，我倒是充滿自信。

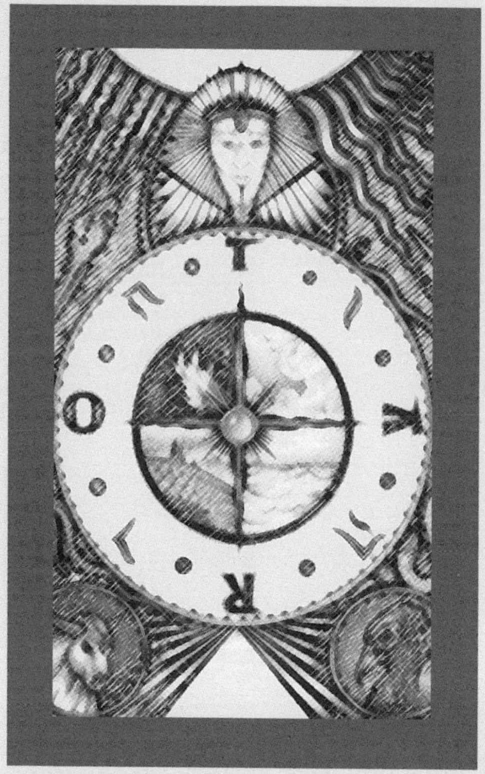

第四章

命運之輪

THE WHEEL OF FORTUNE

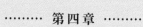

親愛的，沒有別人會在我夢中安睡。你將離去，
我們將一同離去，跨過時間的海洋。
沒有人會伴我穿過行過陰影，
除了你，萬年青，永恆的太陽，永恆的月亮。

在後，任由你湧動起來的折疊的浪，將我
帶走。夜晚，世界，風紡織它們的命運。
沒有了你，我是你的夢，只是這樣，不過如此。

——聶魯達《一百首愛的十四行詩》

我曾經夢見京都。那時年紀還很小，還沒和媽媽遠赴日本。在夢中，發現自己站在一座不知名的京都寺院後面的山坡上。沁涼沉靜的氣氛是屬於京都的，我很確定。我佇立著，感覺周遭的環境非常熟悉，應該是某一次前世的場景，深深刻印在我的夢裡。

後來，有好幾次都夢到相同的京都山坡，隱約在某座寺院之後。那種幽深恬靜的氣氛，

醒來之後，彷彿有股原生故鄉的鄉愁，縈繞不去。

夢裡不知身是客。

為什麼會夢到京都？那時我並不清楚，後來才知道我與日本的緣分很深。彷彿有一種聽不到的呼喚，隱隱地叩醒我的靈魂之鉢，之後生命事件一件件回應這種呼喚。

爸媽的婚姻觸礁是後來的事。對當時年幼的我來說，和媽媽到日本是一件充滿期待的事。媽媽當時告訴我，要到東京的迪士尼樂園玩。不過，年幼的我深知爸媽將從此分開，媽媽是哄我的。我努力佯裝不知情，一派天真的模樣，只是不想讓媽媽那麼難過。

京都的夢無疑是個預告片，提前告訴我之後的生命劇碼。

只是當時我年紀太小，不知其所以然。這就是唐寧告訴過我，心理學家容格所說的「預視之夢」。

新世紀高靈賽斯（Seth）也說過，在夢中我們會形成多種系統的意識環節（Links of consciousness），把夢境形成另一個新的創造性版本。在夢中，可能會傳遞我們未來的訊息，以幫助我們做有意識的抉擇。

京都之夢，想必也傳遞某種意義深長的未來訊息。

我也曾夢見平安神宮的內部。

那是一個非常詭異而華麗的夢，櫻花朵朵，落英繽紛。

在夢中，我來到平安神宮。我知道那就是了，一切都非常熟悉，飄散著檀香木的香氣。走在重重的迴廊之中，滲透著時間光澤的木質地板和廊柱，散發一股幽然的松香。我無意識地走著，瞄到旁邊有一整片隱藏式、鑲滿精巧抽屜的牆面。在好奇心的驅使之下，我打開了一個抽屜。

定睛一看，抽屜裡面有一件已經失去光澤的華麗和服。看起來應該是年幼孩童的衣裳，旁邊還有一把小劍。我拿起小劍，把玩一番。從衣服的樣式來看，可以推測出它的主人一定有相當高貴的身份地位，或許是貴族一流。

欣賞完之後，我放回原處，繼續往前走，隱沒在重重迴廊之中。不知過了多久，看到盡頭處，出現一座後花園。走到花園之中，赫然發現有一座木造建築，供奉著歷代祖先。彷彿耳邊有聲音，卻沒看到絲毫人影。

「祖先說，這些東西是不能亂碰的，但妳是無心的，所以沒關係。不過，妳必須繳五百元。」

「五百元？」我納悶著。五百元拿來做什麼啊？真是令人百思不解。

之後，我幽然夢醒。

後來，我請教通靈的江姊，才知道祖先希望我前往參拜。五百元日圓應該是參觀的票券費用。江姊還說，我曾經有一世是日本皇族的小王子，備受寵愛。她還看到我練劍的畫面。日本皇族的小王子？我覺得簡直不可思議。

她說，從當今的天皇往前數第七位天皇，就是前世的父皇。

不過，仔細一想，我覺得江姊說的可能是真的。因為我一向對日本宮廷的一切深深著迷。比方說，我狂戀《源氏物語》的一切細節描寫，更對其中華麗而短暫的夢幻感情，深覺無常，炫然欲泣。宮廷裡的一切，是那麼典雅而精緻，優雅的氣氛讓我格外熟悉與懷念。本來以為這是自己對殘酷現實的逃避，或許因為現實生活的壓力，而不可自拔地愛上日本古老王朝的夢幻劇本。

不過，現在看來，可能是我錯了。原來我和日本之間，有不可說的因緣相繫。經過江姊解說，對於這種因緣確認，有種難以形容的欣喜。我知道，人和人間的確存在不可說的相繫，往往是現實肉眼難以判斷的。想起我和爸媽之間，又是怎樣的前世今生？丹尼斯又在我前世中扮演什麼樣的角色，還有世平呢？我還真的滿好奇。

不過，我並不想盡快找到答案，只想好好扮演今世的角色，仔細揣摩今世的使命與任務。我相信自己可以完成，也可以接受多重的考驗。我知道，我遠比脆弱的外表堅強許多。

平心而論，爸媽之間的愛恨情仇，對我的影響很深。也許，就因為內心存在深切的不安全感，反而很渴望擁有一份堅定不移的愛情。內心也常有挫折感，擁有幸福似乎對我來說，是個很遙遠的夢。我偷偷渴望，卻總覺得會絕望。對自己，對愛情，我顯然不是很有自信。

愛情對我而言，一如飄然的櫻花瓣，落花紛飛，希望擁有最極致的美麗，卻拒絕接受蒼老與死亡。可是，這根本是無意義的掙扎，因為櫻花的凋零與死亡是必然的。在抽離現實的條件與情慾之後，愛情的本質又是什麼？

我努力思考著，想要慢慢地找到答案。

回想小時候的家庭變故，年幼跟著媽媽遠渡重洋到日本。這一定是所謂命運之輪的推演吧？不然，我怎會出生在這樣的家庭，承受種種的考驗？我知道，我和爸媽之間必定有某些功課是要重修的，江姊曾經告訴過我。這一世，感情的功課是我最重要的必修科目。

江姊說，我的情執太強，必須要好好經歷一場夢幻的心靈戲劇，才會有所頓悟成長。在虛擬實境的磨練之後，經歷過情執的痛苦與掙扎，才能使自己成長。彷彿是聖杯騎士尋找聖杯之旅，聖杯代表一種生命意義的追尋。從另一層面而言，這也是一種內在歷程之旅。神話學大師坎伯（Joseph Campbell）曾說過，每個人都有自己的一趟英雄旅程，從回應歷險召喚的啟程，開始了屬於自己的英雄冒險，經過啟蒙，而有所覺悟，找到內在的聖杯。

我想，我也在尋找自己的聖杯。

在這個過程之中，不斷穿過重重的荊棘與黑森林，尋覓屬於自己的生命意義。每一個人都是英雄，必須歷經容格所謂的個體化過程，探索重整出屬於自己的生命意義藍圖。

當然，在這追尋的過程中，也許會有見樹不見林的焦慮感，有時也會迷失方向。不過，如果生命的歷程可以完全預知，豈不失去了追尋探索的樂趣？人類就是有股與生俱來的好奇心，在宇宙之中從冒險成就一切。不然，希臘神話中的潘朵拉不會抑制不住好奇心，打開黑盒子，讓嫉妒、貪婪等黑暗勢力降臨人間。

我覺得我常會做一些意義深遠的夢。

記得有一次，心理系的唐寧曾告訴過我，每天早上可以把自己的夢境做紀錄，然後根據心理學的原則與理論來自我分析，這是很重要的練習。當然，也可以和自己的好友彼此分享。他說，系上的心理學教授都要求學生要做這種練習。唐寧說，我也可以把自己預測的事情寫下來，與日後的生活事件互相參照，就可以分析自己的預感是屬於那一種類型，也可以算出命中率有多少。

這種夢的解析很有趣，是瞭解自我的一種練習。

新世紀高靈賽斯（Seth）也曾說，作夢是在處理與肉體經驗不同的另一種經驗，而這種經驗也是心靈的一部份。心靈是有知覺能量的一種完形（gestalt），在其中住著自己不可侵犯的本體。

換言之，在作夢的架構中，生者與死者能自由混雜。在這種情況中，可以察覺到存在的其他視角。也就是說，我們在存在的拐角轉了個彎，發現了心靈的多重深度。

我想對自己的夢境進行深度探勘。

後來，我也開始紀錄自己的夢境，這是讓自己沉澱下來，不斷挖掘自己內心的好方法。

從小時候反覆的夢開始，乃至現在每天的夢境，我拿起筆仔細描繪一幅幅逼真寫實的畫面。

小時候，我常作一個怪夢。

我夢見有一輛載滿人的車子，開到一間寺院之後，降落到地下室，當這輛車又上來時，整車人已經變成了一具具的白骨。這或許是因為隔壁的大哥哥講了一個恐怖故事之後，我就開始不斷作惡夢。

骷髏人骨是我一再重複的夢魘。

我會在夢中看到整具的白骨，對我猙獰地微笑。我很怕黑，在黑漆漆的迴廊盡頭，彷佛會看到盡頭的木門上浮現一具骷髏，只好死命狂跑，聽見自己的心臟狂跳的聲音。這種情形一直持續兩三年，直到上小學三年級才結束。

那時，我隱然覺得寺廟深藏了許多奧祕，那是一個與死亡有密切關聯的地方。雖然，當時年幼的我無法瞭解那些奧義，可是直覺告訴我，以後我會自己揭開死亡的神祕。那是一個無法說出的預感，我也不曾對爸媽說過。

後來和唐寧討論過這些夢境。

他說，可能我從小對死亡就非常敏感與焦慮，屬於早熟的心靈，也就是所謂多次轉世的老靈魂。通常老靈魂再來轉世的時候，會有比一般人更敏銳的感受力與預知能力，與生俱來便擁有某些特殊才能。

比如說，音樂神童莫札特、德蕾莎修女或者愛因斯坦，都是一些老靈魂再轉世投胎。這些在各種領域表現傑出的老靈魂，引領這個世界不斷演化，實際促進世界之輪的前進。換言之，他們是時代之菁英靈魂，負有神聖使命，來推動人類世界的深度進化。

我覺得唐寧說得很有道理，不然哪有人天生就有絕對音感，四歲就會作曲呢？

我想，自己對死亡的恐懼和自我意義的追尋，大概從幼稚園時期就開始了。

記得上幼稚園時，常會感到疑惑：「我到底是誰？」那時，爸媽忙著工作賺錢，常讓我一個人獨自玩耍。不過，那時我就有這樣的問題，只是我從來不會對爸媽透露。

我也常覺得奇怪，人為什麼要開口說話，如果不開口說話，也可以瞭解彼此的意思啊？我不知道這些想法是從哪裡來的。那時，我只有五、六歲，只會看看卡通玩遊戲，並沒有人與我談論關於生命意義的課題。

不過，說真的，有誰會認為幼稚園小孩會思考這些問題呢？如果說出來的話，沒有大人會相信，可能會覺得我在說謊吧？

所以，小時候的我如青石般沉默，會翻翻陌生晦澀的哲學書，雖然很多都似懂非懂。和唐寧聊過之後，除了紀錄小時候的夢境和事件，也會在每天一早起床後，便提筆紀錄夢境。通常，每天都會作夢，而且醒過來之後，夢境都很鮮明。如果沒有其他日常事件干擾，連細節都會記得很清楚。有時候，一早醒來，那種夢中的真實感也讓我低迴不已，一切如夢幻泡影。

想到塔羅牌的「命運之輪」。

在這張牌面上，中間是一個巨大的命運之輪，上面刻著一些古老文字，上面中間有埃及法老王，兩旁是金翅鳥和翻著神祕之書的天使。根據塔羅牌的奧義，命運之輪象徵著生命是由生、死和轉世重生的神祕循環所組成。

人不斷地經歷生生死死的過程，從轉世的過程中一再經歷這些循環。我們被無形的力量推演著，但是我們也以自己的自我意志參與這場命運的塑造工程。

如果在牌陣中出現這張牌，就代表著某些事情已經付諸行動，現在的結果就會成熟，也許是不錯的機會，也可能代表一個重大的改變，會影響未來命運的演進方向。

這命運之輪的神祕能量，似乎也冥冥中引領著我的生命方向。爸媽的離婚，我的心靈過度早熟，早年便離鄉背井到日本求學，這些事件發展似乎都有無形的力量在推動著，默默依循某種軌道推動前進。不過，我卻只能眼睜睜觀看，絲毫無法改變它的方向。

記得國小六年級的我，對當時鬧離婚的爸媽覺得有很深的無力感。可是，我無法對大人描述內心的複雜感受，只能更加封閉自己，與這個世界完全隔絕，把自己深藏在蒼白的記憶盒子裡。

大二的寒假，經過一番努力溝通，終於可以暫時擺脫丹尼斯的整日糾纏，飛回日本和媽一起到伊豆小旅行。

為了這趟旅行，丹尼斯幾乎都快跟我鬧翻了。我答應他會盡快歸來，每天會寫信講Skype。他臉色鐵青，終於點頭答應。

一年的疲累，在年終歲暮之時，藉由泡溫泉洗滌疲憊的靈魂。泡湯是我們母女倆最愛的身心靈梳洗活動。這幾年來，也泡過日本不少大大小小的溫泉。

這次，我預訂了伊豆溫泉的白壁莊和湯本館各兩天一泊。我選擇這裡，是因為喜歡川端康成小說中傷感細膩的筆觸，《伊豆的舞孃》就是以此地的溫泉為背景寫成的小說。

我們從東京搭踴子號特急火車直達修善寺。修善寺溫泉就是「伊豆的舞孃」男主角旅程的起點。

走在樸素的鄉間街道，讓人頓時神清氣爽。到了白壁莊之後，便先去泡溫泉。周圍綠樹環繞，大片的石岩塊砌成露天溫泉。簡單梳洗一下之後，便下池泡湯。

這裡的環境非常隱蔽清幽，攝氏溫度只有三、四度，泡在熱溫泉中，真是一大享受。在熱氣繚繞之中，記憶的傷口細胞似乎張開了，不禁想起丹尼斯和我之間的糾纏。他還真的很沒有安全感呢。

在隔了海天一方之後，我發現這種輕鬆與自由是在台灣所缺乏的。愛情的囚閉讓人靈魂窒息，還不如一個人瀟脫自如。

在放鬆之餘，深覺人為何活得如此辛苦？記得曾經看過一篇沙特的〈No exit〉的劇本。他說得很好：「他人即地獄（The others are hell.）」。何必在意別人的眼光？在世俗的制式標準下過活，無疑是個架空的傀儡，活得只不過是別人導演的一場鬧劇罷了。

這的確是至理名言。十年前，媽媽不顧旁人的眼光，很勇敢地走出自己的一片天，親戚中也有人對她不認同。但是，那又如何？別人又怎會知道當事者的感受？我也希望自己能夠不要受到世俗標準左右，可以勇敢主宰自己的命運，過自己想過的生活。不過，與世俗背道而馳的歷程，往往是艱辛而喜悅的。

在溫泉熱氣繚繞之中，我和媽媽相視而笑，閒聊家常。

媽這陣子變得比較瘦削，整個人精神變得比較抖擻。她和俊輝叔叔之間，是一種相知相惜的情愫。

人到了中年，要的似乎只是一種可以彼此瞭解的相惜相伴。俊輝叔叔在新宿開了一間Sweet Memory法式中華料理餐廳，媽也常去幫忙，彼此有很多共通的話題。俊輝叔叔的妻子早年因為癌症過世，留下一個小兒子。他很辛苦地帶孩子，還要兼顧自己的餐廳。他和媽媽彼此惺惺相惜，互相扶持。不過，媽卻已經不想要婚姻的束縛，也不需要那張白紙黑字。

俊輝叔叔也很尊重媽的想法。媽現在可算是戀愛中的女人喔，純粹享受被愛的感覺。我也很鼓勵媽，要把握這段難得的感情。雖然，以前曾經經歷過那段痛苦的婚姻，人總是要學著慢慢走出來呀。

我遞給媽一條擦臉的毛巾，媽笑得很靦腆，臉上浮上一抹嬌羞。

伊豆的空氣裡飄著一股淡淡的山葵香。素淨淡雅的氣氛讓人想起素顏的村女，有著最純淨的青春。在這麼乾淨的能量震動中，似乎可以感覺自己曾來過這裡，有似曾相識之感。

泡完溫泉後，品嚐旅館精心準備的料理。

和媽媽一起用餐，這種溫馨的家居感覺是我在午夜夢迴時，一直懷念不已的。我想念的是那種樸素簡單，可以補足內心能量的媽媽風味料理，吃完之後胃中還留有淡淡的溫暖，感覺元氣十足。

今晚的菜色很豐富，有燒烤鰻魚、野菜天婦羅、魚卵手捲、生魚片捲壽司、野香菇和鮮魚湯。鮮魚的滋味美妙極了，配上伊豆的特產山葵醬，讓人味蕾有種難言的悸動。

晚上特地睡得早，在靜謐的夜晚用炭火取暖，閒適聊著在台灣生活的種種。媽不時微笑，用心聽我的大學生活流水帳。我還沒忘記寄信給丹尼斯，不過，已經夜深，還是明天再講Skype吧。

隔天，我們到附近的湯本館泡溫泉。湯本館是因為川端康成在這裡寫「伊豆的舞孃」而聞名。一走進旅館內，就可以看到川端康成的照片懸掛在牆面，當時他住的五號房間也完整保存下來。

依稀之間，似乎看到川端瘦削的身影穿過迴廊。我走上二樓的五號小房間，往裡一看，實際大小只有四個半榻榻米。我走進房內，感受川端的生活氣氛。他孤寞而深刻的心靈能量，還微微瀰漫在房間內。睡過的榻榻米和寫作的書桌，都還殘留淡淡的能量火焰，我看到的是一種近乎憂鬱的藍色。川端得到諾貝爾文學獎之後，過了不久便開瓦斯自殺了。

只是，川端現在又流轉何處？慴然文采寫盡一生寂寥，也許在人生顛峰之時，善感孤單的心靈也會有難以言喻的痛苦，難以託訴。

在輾轉輪迴之中，善感的心靈種子想必還是繼續在阿賴耶識裡，不斷傳遞到下一世。深情濃愛的感受，讓人千迴百轉，無法逃脫。

不禁想到，與丹尼斯和世平之間的情緣，究竟還要上演幾生幾世。人，最難的還是感情這一關吧？

沒想到，過了兩天，阿姨竟然也抽空飛到日本補貨。她約我一起到代官山車站附近的Assemblege雜貨逛逛，順便看看二手衣店Vanilla Dale和Count Down Vol.2。阿姨也常常會趁補貨的幾天假期，和媽媽一起共聚幾天。姊妹倆一見面，永遠有聊不完的話題。

先把傷腦筋的愛情擺一邊，享受當下這一刻的自由與喜悅吧。我發現自己個性中有很陰鬱的部分，也有很陽光的一面。至少，泡湯和購物總是能讓我心情瞬間轉晴。

相約和阿姨一起逛雜貨，我樂此不疲。

先約好到位於舊山手通綠蔭的米開朗基羅咖啡館（Café Michalangelo）碰面，盡情享受屬於義大利式的生活情趣。坐在露天咖啡座中，一起閒聊，暫時把那些煩人的事情丟開，享受乾淨的晴空與微風。

阿姨雖然比媽只少兩歲，可是因為常保一顆赤子之心，又是快樂單身族，所以感覺上比媽年輕許多。阿姨聽到好笑的事情，笑得前仰後翻，完全不顧形象。和阿姨一起出門逛街，簡直像跟一個大孩子冒險沒兩樣。

喝完咖啡，聽完阿姨聊遇到奧客的爆笑事件，我們先到D-Forme雜貨逛逛。這是位於Heliople大樓二樓的生活雜貨店，有可愛的辛普森家族玩偶，頑皮豹玩偶等，風格有種屬於純美國風的幽默感。

Hall M雜貨走的是細緻風格，優雅的線條與手工，只是價格並不便宜。

之後，阿姨和我一起去逛二手衣店，像Cabourg啦、Vanilla Dale等店，都頗負盛名。二手衣其實花色樣式都不少，通常價格超便宜。有時候，我們會找到一些Prada、Gucci、Chanel的名牌衣飾，阿姨會毫不考慮，一口氣出手買下好幾件。

女性主義真的是敗在愛情和衣服上。不過，阿姨在愛情上未曾失敗過，她倒是栽在衣服上。

阿姨因為做生意的關係，很懂得精打細算，不打折絕不購買。再說，她穿膩了名牌二手衣之後，還可以在她的飾品店繼續陳列，再賣三手衣，多少拿點本錢回來。滿腦子生意經，我對她真的佩服極了。

逛累了之後，又走到Du'il fait bon烘焙屋買蛋糕。這是我們最喜歡的蛋糕店，因為它的風格專屬女性路線，所有的蛋糕都有雅緻美麗的裝飾，光看外型，就讓人垂涎三尺。

我想，女性主義除了敗在愛情、衣服上，還可以再加上蛋糕甜點一項。我幾乎沒遇過討厭蛋糕甜點的女性，除了聲稱最近在節食的族群之外。

我們順便買一些甜點給媽。最喜歡阿姨來東京的時候了，三個年紀不同的女人圍著溫暖的炭爐取暖，吃著媽準備的美味煎餃，喝著濃濃的南瓜湯，嘰嘰喳喳不停聊天，啜飲葡萄紅酒。這真是人間一大樂事！

其實，有時想想，沒有異性，沒有愛情的生活，雖說少了刺激，卻也少了煩惱，也無風雨也無晴，這種日子也挺不錯的嘛！

把南瓜先切成塊狀，再沾上薄薄一層橄欖油，然後灑上一點點鹽巴，再把起司片撕成小片小片，擺在南瓜塊上面。最後，再撒一點巴西里，放到大同電鍋裡蒸，外鍋放兩杯水。大約等個四十分鐘左右，香噴噴的焗烤南瓜就完成了。

我選了一個有綠色小花的盤子，擺上焗烤南瓜，感覺真的很美味。這道點心可以當成宵夜，很有飽足感，再配上一杯冰葡萄酒。

這是我自己想出來的一道菜，媽笑說這是懶人西餐的作法。阿姨卻很捧場，直嚷說棒透了。

倒真的希望能多遺傳一點媽烹飪的天分。烹飪也是需要有天賦，味道和火候的掌握好像是音樂的調性，有人天生聽過一遍就會全盤記下整首旋律，有人卻是天生的音痴，五音不全。

雖然不像媽媽那麼會做菜，可是我卻創意十足，常會想一些奇特的作法，把不同的材料混搭在一起，反而有令人意外的驚喜。

比方說，我會把火龍果搭上鮭魚煎片，很夏天的感覺，兩種搭配一起吃，格外鮮美。

我覺得做菜也是一種讓身心放鬆的嗜好。不過，前提是做菜非工作非義務，否則心情怎能輕鬆起來呢？我喜歡一邊放著可愛西班牙歌手Rita Calypso–Barefoot in the Park，輕鬆愉悅的Bossa Nova曲風，讓人神清氣爽，好像在蔚藍海岸旁慵懶曬陽光，一邊做菜。

品嚐美食也要搭配好聽的音樂，這會讓人更加食指大動。

阿姨在東京晃了幾天，她要我陪她回台灣，在她的飾品店幫忙幾天。我一口答應。因為，我知道懂得回饋的阿姨在幾天的義務勞動之後，一定會給我豐厚的犒賞。比如，台東溫泉之旅三天兩夜，Gucci二手包，或者新都里風味日本料理一頓。她也把我當成是女兒一般。我常跟她開玩笑說，我未來的嫁妝就有兩份囉。我們一起搭日亞航回台灣。

飛機降落機場之後，已經接近傍晚，丹尼斯依約來接機。刻意讓阿姨先走，我才和丹尼斯會面。

相隔兩個多星期，丹尼斯擁抱的強度讓我透不過氣。

「你怎麼去了這麼久？」他緊緊握住我。又是熟悉的皮革外套味道。

他似乎瘦了一些，鬍子也沒刮，有點扎人。眼睛的血絲似乎透露著失眠與疲累，我想，該不會是太想我吧？才兩星期的分離，有這麼嚴重嗎？

一起吃過晚飯，丹尼斯開車送我回台北。一路上，他很沉默，這讓我有些緊張不安，好像做錯了什麼事。我也不知該對他說什麼。

到了台北之後，我們又去逛逛誠品。他緊握我的雙手，一刻都捨不得放。

一直逛到快到門禁時間，才一起走回樹影幢幢的小徑，到了女生宿舍門口。他突然塞給我一個小袋子，親吻過後就轉身離開。

我回到宿舍之後，打開一看，原來是prada的紅色皮夾。

一陣溫暖襲上心頭，卻有點焦慮。這種太貴重的禮物，讓我壓力不小。難道愛情就一定要以物質來取悅對方嗎？丹尼斯出生優渥，我是那麼平凡，似乎不是門當戶對的典型。這讓我也有點自卑，似乎是高攀不上。

這種隱形的壓力漸漸讓我有點喘不過氣。

阿姨在永和的飾品店位於中興街。我先把在日本採購的歐風小飾品和日本味道的髮飾髮圈放在陳列架上，然後再幫模特兒換上一身漂亮的二手洋裝。阿姨把店面的一面牆，換上新的藍色薔薇花壁紙。她一塊塊撕掉壁紙後面的黏膠片，然後整片貼上去。

完工之後，感覺很有英國鄉村風味，帶有濃濃的優雅與閒適味道。

我把一些零碎的飾品貼上價格標籤，仔細記好價格明細和貨號。做飾品的生意就是要很有耐心，而且要隨時逛逛國外的新貨，要不時汰換新品，要一直滿足顧客的新鮮感。

在阿姨的店面架上，也擺上我手工做的藍色絨布熊。

我把最內層的布邊縫上我的牌子名稱：Sabina's Bear 05。上次，我做的那隻戴鴨舌帽的暗紫色布熊上了架，不到幾天就被買走了。阿姨叫我同樣款式再多做幾隻。可是我不願意。我希望每一隻都是獨一無二的，每一隻布熊都是我的心肝寶貝，這個世界上再也找不到一模一樣的了。

滿心希望客人能夠好好珍惜我親手做的布熊。不然，我可是會哭的喲。

來飾品店裡逛逛的客人多半是大學生和年輕上班族，清一色是女生居多。如果是男生，一定是來幫女朋友選禮物。這時候，我會問問對方要送禮的對象年紀多大，上班還是唸書，衣著穿的大概是哪種風格。從對方平常穿的衣服風格，就可以猜出她的品味和喜歡的味道。

比方說，如果她平常都穿牛仔褲，簡單樸素型的話，選髮圈飾品，也要盡量挑運動風格。如果她平常多半穿裙子，也常穿有蕾絲的衣服的話，選那種夢幻的蕾絲風格髮圈，就對了一半。多半客人都會很滿意，帶著我挑選的禮物離開。

阿姨也常說我人小鬼大，很會猜透客人的心思。其實，我覺得這些只是常理判斷，根本不是太高深的大道理。

阿姨說，哪天她想要退休，去搭愛之船遊輪航行全世界，她會把飾品店交給我。我滿口答應。我想，我會把飾品店與塔羅牌一起經營，成為一個最有個人特色的「Sabina's Tarot Shop」。我一定要用九十九隻布熊裝飾店面，讓找我算塔羅牌的客人感受那種溫馨可愛的氛圍，把所有的煩惱都拋到九霄雲外。

我對好友安琪拉說，如果有一天在台北街頭看到一個粉紫色燙金的英文招牌「Sabina's Tarot Shop」，一定要進來坐坐喔。算妳免費。

唸園藝系的安琪拉說要先跟我預約當助理，可以免費幫我做園藝設計。「一言為定，不能食言喔！」我和安琪拉彼此約定。

有時候，我覺得某種程度上我遺傳了媽媽堅強的個性，在艱辛的生活中還能有燦爛笑臉。從小，我就很佩服媽媽樂觀勇敢的作風，一女當關，是個永不妥協，柔中帶剛的厲害角色。

我希望有朝一日，也能讓媽以我為傲，讓她知道多年的辛勞是值得的。

記憶中母親的微笑，恍如春花燦爛。

第五章

月亮

THE MOON

愛情橫越它的島嶼，從憂傷到憂傷，
它紮下了根，淋以淚水，
無人，無人能夠躲避它沉默
又食肉的心奔跑時的腳步。

你我曾尋覓一個洞窟，一個星球，
在那裡，鹽碰觸不到你的髮，
在那裡，悲傷不會因我的過失而滋長，
在那裡，麵包將長生不老。

——聶魯達《一百首愛的十四行詩》

曾遇過一位神祕怪客唐寧，那是在「挪威森林」打工的時候。他有點邋遢不修邊幅，一雙眼神卻很清澈銳利，似乎可以穿透別人的心。他很安靜，話也不多，來「挪威森林」喝咖啡時，藍色Nike袋子裡總是裝滿了書。他靜靜窩在角落裡，彷彿是一棵長滿鬚鬚的麵包樹。

他總是挑店裡人少的時段才來，似乎刻意避開喧嘩的人潮，想圖個清靜。唐寧也給別人一種冷冰冰的感覺，故意和人保持距離。一和他接觸的時候，就會感覺到他的肢體語言很防衛，似乎掛著請勿打攪的牌子。

我端上Espresso的時候，偷瞄了一下他看的書。那是一本厚厚的英文書，標題是Carl Jung。以前沒看過。

他冰雪聰明，早就感覺我在偷偷注意他。

「這是瑞士心理學家容格，集體潛意識之說的始祖。妳對潛意識有興趣嗎？」他抬起頭對我說，難得他會開口。

「潛意識？」

「人在日常生活中用的是意識，在夢中會與潛意識對話。妳會作夢嗎？」

「當然囉。我常會作夢，而且記憶很鮮明，醒來後還會做紀錄。」我倒是對作夢很感興趣。

「看來妳很適合念心理系嘛。妳是什麼系的，想不想來當我學妹？」

我笑了出來，這個問題很唐突。

「我唸日文系。不過，我常看一些心靈類的書籍，有些怪異的經驗讓我深感困惑。」

「什麼樣的經驗？說來聽聽。」他的口吻很像是心理醫生。

「我會夢到一些地方或場景，感覺很熟悉，可是從來沒有去過。我也夢過外國的場景。在夢境中，我是另一個身體，扮演另一個角色，可是我很清楚知道那是我自己。比如說，我曾夢過日本的小王子，也夢過法國路易十六時期的公主。」

「瞭解。在夢的縫隙中，往往會洩漏出潛意識的訊息。所以說，前世的記憶，也會藉由夢的渡口來和我們對話。妳的例子可能是前世的經驗，就好像是前世經驗的一個片段，突然飛閃到妳的夢中一般，靈光乍現。」

「是這樣嗎？那我前世可能真的扮演那些角色囉？」自己覺得很驚奇。

「或許是吧。不過，最重要的是，要從夢中解讀出對自己有意義的片段，讓這一世的妳在心靈層次能更加提升。」

「有時候，我很有預感，可以準確預測一些日常瑣事，有時候就是會知道。」

「有些人天生是屬於channel體質的，也就是所謂的靈媒體質。與一般人比較，他們很容易和潛意識通電路，可以抓到一些集體潛意識的訊息。比如說，某些人會預知戰爭或者災難的發生。大自然界的動物也天生具有這種本能。我們只能說，這些人比較貼近心靈頻道，當然更容易與集體潛意識共振。」

他停下來，喝一口咖啡。

難得他一口氣講了那麼多話。

我覺得他頗有智慧，講的話讓我咀嚼再三。心理學系的研究內容倒是頗有趣的，更沒想到這個書呆子講起話來，讓人刮目相看。

反正，現在店裡只有小貓兩三隻，索性和他多聊幾句。

「你唸心理學系幾年級？可以介紹幾本書嗎？」

「我唸大四，快畢業了，正在準備研究所考試。如果你想要看幾本入門書的話，我可以借妳。」

「謝囉，你可以挑比較簡單有趣一點的給我。」

他對我微笑著。第一次覺得他這個人讓人頗有信賴感，雖然外表有點冷酷不易親近。

他繼續點了提拉米蘇，我隨即端了上來。

店裡正播放的爵士樂曲是諾拉瓊斯（Nora Jones）的Never too Late，她清純慵懶的嗓音一向是我的最愛，不禁使人隨著旋律，心情漸漸放鬆，有點微醺欲醉的感覺。也喜歡在家裡播放她的專輯，有喝一口沁涼紅酒的感覺。

唐寧後來借我心理學概論和容格的潛意識學。後來，他也介紹給我智慧靈體賽斯的訊息。

說真的，我覺得這種心靈交流也不錯。有他從旁解說分析，厚厚一本心理學概論很快就消化完了，可以一窺心理學的堂奧。上完輕鬆的日文課與日本文學史之餘，現在我還漸漸對心理學、潛意識與新時代心靈學有一些基本的瞭解。這使我對心性的認識與人的心靈世界，伸出了好奇的觸角，如海綿般瘋狂吸收一切心靈的知識。

以前在日本唸高校時，開始了心靈與哲學的探究，先從神祕學開始。現在，有唐寧的領路，便開始對心理學有更深入的瞭解。

現在，我深深覺得人的心靈實在非常複雜深奧，也充滿魔幻寫實的魅力。以比喻來說，如果人平日的顯意識是冰山露出海平面的一角，潛藏的潛意識就像是海面下的冰山塊，龐大的體積，深不可測。

在潛意識的深海寶藏之中，我們在累世以來，蘊藏了非常豐富的資料庫。每一世的演出，就留下深刻的紀錄和心靈痕跡，這些痕跡確實地復刻在我們潛意識的膠片中。之後，在適當的時刻中，我們的心靈上演著一齣齣的戲劇，愛恨情仇的情節一幕幕轉換著。

我和丹尼斯之間的戲碼，難道是以前就註定的嗎？為什麼我和他之間，充滿了莫名的壓力感？為何他一定得用束縛的方式對待我？這是真愛嗎？這場戲碼到底到什麼時候才會結束？

而我和世平呢？我們彼此之間，雖然有惺惺相惜的感覺，可是總會有阻力把我們隔開。這難道也是宿命嗎？

一邊讀「心理學概論」，腦子裡漸漸堆砌起近代心理學對人心靈的解釋架構。從佛洛伊德《夢的解析》，一直到容格的集體潛意識理論。我發現自己對心靈學越來越感興趣，或許我真的可以考慮轉系呢。

智慧靈體賽斯說，我們每個人自己的心靈也有部歷史。

無論我們是在時間之內或時間之外，我們都是存在的。就像是我們住在內在星球的一小塊地方，我們把那個地區認定為自己的家，是自己的「自我」。也正如大陸板塊是從地球的內在結構中升起；同樣地，我們的心靈也是從一個更偉大、不可見的源頭浮現出來的。

賽斯也說得好，我們自己存在的實相，只能由自己，而非任何人來闡述。

他的訊息很有智慧。我覺得心靈是個巨大無比的寶盒，而揭開這個生命的奧祕是個令人興奮的特殊任務。

從小，我對人的存在就充滿疑惑。現在，唐寧引領著我，因此更燃起一股狂熱的求知慾，開始飢渴地狂吞這些深奧的理論，希望可以藉此解答自己內在的問題，安頓自己的不安與困惑。

也許唐寧真的可以幫我吧。感覺上，他很像是塔羅牌中的聖杯國王，充滿理性的智慧與心靈的密碼。他身上也有一種神祕氣息，很像是波西米亞風的浪人氣質。他一向沒有留下任何聯絡方式，只有每星期固定兩次幽然到訪。「挪威森林」是我們碰面的唯一管道。

越來越期待和唐寧每週的對談。

感覺上，雖然他年紀大不了我多少，可是他的成熟與智慧讓我覺得分外崇拜。唐寧無疑呼應了我心靈的陽性元素，或許在潛意識裡，我把他當成父親的角色，彌補童年時，缺乏父親在一旁教導呵護的缺憾吧。似乎，我常很容易膜拜那些比我有智慧經驗的人，喜歡與高度成熟心靈交流的刺激與成長。

唐寧不僅在知識的交流給予我相當的提升，他也很關心我的狀況。有時，他看我臉色蒼白，還會關心我是否昨晚沒睡好還是感冒了。其實，我才覺得他臉色太差呢，鬍渣也不刮乾淨，襯衫也顯然沒有燙過，大概不太會照顧自己。一看就知道，沒有賢慧俐落的女朋友來打點生活。

有時候，望著他的身影翩然來到，可以望見他頭頂的氣場是一道純淨的藍色。他真的頗有知性色彩，是個標準追求智慧的知識份子。不過，看他形單影隻，也很可憐。有時候，會幫他多加幾塊手工小餅乾，算是請客吧。聰明的聖杯國王在追求精神心靈的充實之外，也要補充一點物質糧食吧！

唐寧的出現，讓我有意外的驚喜。他帶給我的心靈衝擊與知性刺激，也是前所未有的。我倒覺得這種純知性探索的友誼格外珍貴。

拿起布片，慢慢用針線縫起小熊的手腳和身體。花色是我特別挑選的淺藍色格子，小熊的吊帶牛仔褲是淺棕色。一針一針地仔細縫著，很享受這個手工縫製的療癒過程。

我很喜歡小布熊。小時候，媽媽在閒暇之時，有時會帶我逛逛原宿和自由之丘的雜貨小鋪。比如說，像涉谷區神宮前的Arty有很多手工的小飾品，我很喜歡那些色彩繽紛造型又獨特的小耳環。千馱谷的Mono Comme Ca有很多國外的生活雜貨，也喜歡自由之丘的Karako亞洲雜貨，可以在裡面找到不少素雅極簡的藤編製品。Quatre Saisons則是專賣法國風味的生活雜貨，店裡面有很多白色蕾絲的桌布和窗簾。

喜歡和媽牽手逛街，慢慢翻找獨特的飾品。雖然價錢通常太高，不過，我們只是享受欣賞的樂趣。我和媽都希望將來能存夠錢，買一間比較舒適寬敞的公寓，布置成自己喜歡的法式風格。那是我和媽共同的心願。

阿姨在永和巷子裡開的生活雜貨舖，也是走法國浪漫溫馨風格。

我把紅色鈕釦縫上布熊的褲子。我想，這隻布熊就叫做布魯斯吧。

擠滿六個人的女生宿舍，空間已經不大。一人一張床，再加上一個書桌，可以擺飾品和書的空間本來就很狹小。可是，我還是盡量利用空間，用暗紫色的布把書架變成一個布熊的展示空間。

架子上已經有一隻粉紅色布熊娜娜，黑色小熊White和一隻小布貓Mia。旁邊放著初級日語、日語聽講實習和日本文學史概論，旁邊還有幾張Jazz CD和幾本小說。

縫著布熊的時候，與媽相處的溫馨感覺又浮上心頭。只要回想起以前的時光片段，就不會覺得寂寞。

把小布熊布魯斯縫完一半，我把它收在藤編的籃子裡，明天再繼續吧。瞄了一下鬧鐘，已經晚上十點半了。難得的輪休日，今晚不用去「挪威森林」打工。只想一個人靜一靜，更不想找丹尼斯。

有時候，兩個人是一種甜蜜，有時候卻是一種負擔。我覺得自己的心情可以任由自己揮灑，很瀟灑暢快。多了一個人在旁邊羈絆，反而扭捏不自然。再說，還有這麼多小布熊陪我，隱居在布熊的童話世界中，也是種單純的幸福。

拿出塔羅牌，又開始每日的例行功課。

我熟練地洗牌，用生命之樹的牌陣，切出十張牌，排出樹枝的形狀。用這個古老的牌陣可以測出過去、現在及未來的靈魂狀態，也可以知道自己此時的靈修任務。

排好牌陣之後，發現在一號牌靈性意圖的位置出現女祭司。在四號牌援助與求救位置出現聖杯國王。我微微一笑，這張聖杯國王象徵唐寧，他最近給了我不少靈性的知識。

我繼續翻牌，在九號牌潛意識與隱藏區域的位置出現一張月亮。

我盯著這張牌。突然，這張牌越變越大，似乎在一剎那間，我已經隱身潛入這張圖裡面。就在這一瞬間，四號位置的聖杯國王牌突然彈跳起來，飛進月亮這張牌中。

就在此時，聖杯國王佇立在我身邊。

他的身材魁梧高大，身穿華麗的天鵝絨長袍，頭上是一頂鑲滿紫水晶的寶冠。左手拿代表智慧之水的聖杯，右手拿代表力量的權杖，睿智的眼睛望著我。

聖杯國王代表想像力、訓練和執著的結合。他有著堅定的自律和敏銳的觀察力。聖杯國王也代表水元素中土的部分，展現的是創意的追尋和宗教文化信仰的深度研究。

「孩子，妳必須接受靈性密碼五的靈階訓練。」

「那是什麼訓練？為什麼是密碼五？」我很好奇。

「妳把妳西洋的出生年月日數字相加，會得到一個二位數，再繼續相加，變成一個個位數。妳的靈性密碼就是五。還有，妳的心輪位置自動浮現一個數字五，不過妳現在看不到這個隱形數字。」

「靈性密碼五代表什麼意義？」

「五是追求靈性自由與生命變化。換句話說，妳是宇宙生命的遊子，註定要一生漂泊，進行妳心靈的進化與揚昇。妳的生命歷程，將充滿不可預測的變化與成長，懂嗎？」

聖杯國王把手中的聖杯遞給我。

「喝下去，智慧之水會讓妳心靈的層次，頓時跳級七個靈階。在一百零八個靈階中，妳目前是屬於第七十九階，屬於中上階。換句話說，妳必須加速妳的靈階成長，早一點進入高階比較好，也就是第八十到一百零八階。」

「進入靈階高段有什麼目的呢？我為何要接受這種訓練？」真的很難理解聖杯國王所說的這些靈啟訓練，簡直就是靈異傳奇，令人難以置信。

「記住，妳是有任務的，已經被做記號，我們也一直在等待妳的到來。當妳進化到了靈階高段，就有更高深的能力來開啟更多人的智慧。」還是似懂非懂。

「快喝吧，孩子！我們要上路了！」

我半信半疑地喝下聖杯中的智慧之水。

剎那間，似乎有千萬道彩虹從中散發而出，口中覺得有難以形容的甘甜美妙。眉間的第三眼，似乎剎那間被打開了。

現在，我可以看到聖杯國王渾身散發彩虹般的光芒，周遭的一切事物似乎都跟以前完全不一樣了，可以更清楚地透視氣場和靈體。

「今天，我要帶妳到雅典神廟去進行靈啟。走吧，孩子！牽著我的手！」

聖杯國王的手掌寬大厚實，他緊緊握住我，一剎那間竟隨著他升高飛行。

突然想起小時候，也常會作飛行的夢。在夢中，我會自由自在飛行，可以任意控制飛行的速度。

現在，該不會也在作夢吧？

我記得容格在一九四四年心臟病發時，也曾有過奇特的經驗。那時，容格在似醒非醒之間，突然意識到自己飛行到印度孟加拉灣的寺廟殿堂中。突然，開啟了對過去、現在、未來及人類歷史了然於胸的神妙經驗。剎那間，他完全沉醉於體悟真理的光明與大樂之中，根本不想回到地球的現實界。後來，還是因為他的醫生H的勸阻而回到現實界。

現在，自己這種靈啟的經驗，和容格的體驗真的有點相似。

記得賽斯也曾說過，當我們在睡眠時，實相的許多其他次元會清晰地出現。當我們進入睡眠狀態時，我們會忘了所有經過訓練而加諸於身上的定義。在睡眠中，我們會用最純淨形式的影像和語言來溝通，那是存在的古老語言。

塔羅牌就是我心中古老的象徵語言。

聖杯國王和我輕飄飄地遨翔在天際，自由自在，俯瞰下面不知名的山脈和湖泊。很快地，我認出地圖上常見的巴爾幹半島，形狀像靴子一樣，在尾端左側的就是希臘。那一大片蔚藍海洋，就是愛琴海。

聖杯國王漸漸讓速度慢下來，我們朝著山頂廊柱環繞的雅典神廟飛去。

聖杯國王舉起右手權杖，我們緩慢降落在神廟殿堂前面。

似乎感覺整座雅典神廟都在發光，而最耀眼的光芒來自於殿堂中央。我們飛進殿堂裡面，停在一個約三層樓高的巨大水晶柱旁邊。

「妳看，這個水晶柱就是人類心靈文明的原點，也是整個太陽系的中心點。人類並非由猿猴演化，而是從天上的光層降落而來。這就是人類最初降落的地點。」

聖杯國王用手觸摸水晶柱，它的光芒耀眼得令人目眩神迷。

這時，水晶柱後面走出一位身披海藍色希臘式披肩長袍的美麗女郎。她的臉部線條深邃，眼神有千萬年智慧的深沉冷靜。她的額間鑲著一顆雞蛋大的紫水晶。

她對我們微笑：「你們來了！我等好久了。」

「這是雅典神廟的女祭司，她要幫妳開啟智慧之眼，幫妳靈啟，還會給妳一封神諭。」聖杯國王用宏亮的聲音說。

女祭司撫摸水晶柱，口中唸唸有詞。很奇妙地，水晶柱似乎分裂成兩半，她從中間取出大約一公尺左右的水晶權杖，之後水晶柱的裂縫又癒合了。

女祭司拿著水晶權杖輕輕點著我的頂輪、眉間輪、喉輪、心輪、臍輪、生殖輪和海底輪。她仍繼續唸唸有詞。

一剎那間，我的七個脈輪散發著彩虹的光芒，照亮整個神殿，我的眼睛幾乎快睜不開。

七個脈輪一起震動，傳出不同的七種音階，光影和音律交織成為一片彩虹之海。真是太美了，難以想像這種恍如冰層極光的音色之美，遠超出人類的感官可以捕捉的範圍。

女祭司打開了我的七個脈輪之後，似乎可以聽到很多聲音，從遠方傳來。聲音的震盪中，有遠古失傳的語言。在這一瞬間，訊息太多了，很難一下子聽懂。在音訊的傳導中，似乎接觸了遠古到未來的人類文明，只是這些螢幕畫面與聲音跑的速度太快了，幾乎難以辨識。

女祭司用纖細的手指，在我胸前和手掌心劃上一個古梵字嗡作為封印，以防止別的邪惡力量入侵到我的脈輪，產生負面的影響。

我點頭，表示謝意。聖杯國王也用權杖點在水晶柱的底部，儲存智慧的能量。

整個靈啟的儀式完成了，聖杯國王獻上紅色寶石做的皇冠給女祭司。

女祭司微笑著對我說：「等妳完成一百零八個靈階之後，這就是獻給妳的靈性寶冠。」

紅寶石皇冠閃爍著靈性的光芒。我覺得好興奮，也期待未來加冕的那一天。

聖杯國王又牽著我的手，直接從殿堂裡繞著水晶柱飛向天空，女祭司也化成一道虹光，隱沒入水晶柱。

聖杯國王在我耳邊說：「女祭司是智慧空行母，她已經完成一百零八的靈階了。」

我們很快就飛回屬於這個現實的能量層，剎那間，我也回復意識。

我手上還是拿著那張已經靜止不動的聖杯國王牌。

感覺上，時間已經過了相當久，但是我看桌上的鬧鐘，前後也不過十幾分鐘。

感覺很像作了一場奇異超現實的夢，可是翻開右手心一看，卻真的有一個紫色的嗡字。

這真的是一場夢嗎？還是我已經體驗到智慧靈體賽斯所說的不同次元（dimension）的世界？

也就是說，我似乎也成了塔羅牌，成了雅典神廟的女祭司、水晶柱的一部份。賽斯曾說過，在宇宙流浪的過程中，旅行者也成了旅程的一部份，形成經過的道路，形成自身心靈的山丘、山脈或海洋。

這種感覺如此神妙，我知道我不只是我自己，我遠超過我自己。而跳脫自我的框框，偶然一窺存在的實相，讓我感覺如此喜悅，源源不絕。

賽斯也說過，那個作夢的心靈，實際上是與正常的自己同樣清醒。不過，清醒的組織（The Organization of Wakefulness）是不同的。換句話說，我們是以不同的角度入夢。

那麼，如果照賽斯的理論來說，聖杯國王帶我去接受靈啟的夢，也可以視為一種真實的存在了。

換句話說，我們平常醒時的實相可以比喻成電視劇。那是我們創造了這個劇本，我們也直接參與演出。我們就是自己所體驗的戲劇，同時也是觀眾本身。

而作夢時，就好像使用另一台不同的電視機，觀看不同頻道的節目，體驗到其他時空中發生的事件。我們在夢境中，繼續創作劇本，並做不同的戲碼演出。

這真的太有趣了。

人的心靈的確是一個超級記憶庫，儲存無數的轉世記憶。我希望自己能更瞭解人類偉大的心靈運作，這遠比任何星球的探勘更深奧，更令人期待。

後來，我也對心理學興趣濃厚，乾脆到心理系旁聽心理學概論和心理諮商。上課時，還拼命做筆記，認真聽講。唐寧還叫我學妹，對外說他是我的助教。

或許，我也可以去副修個心理系，這也很適合我的志趣。其實，我覺得和算塔羅牌的客人討論牌義時，基本上就是作個案研究和心理諮商。

雖然目前用的不是心理學那套理論，可是我發現塔羅牌是一個很好的媒介，可以藉由牌面意義解構自己的心靈潛意識。通常，比起冷冰冰的心理諮詢室，大家比較能接納算塔羅牌，至少不會產生抗拒感和疏離感。一般人喜歡算牌，比較不會覺得心理有病，被貼標籤而產生疑慮。

在挪威森林的塔羅牌客人越來越多，我也在每次諮詢之後，勤於寫筆記記錄心得。基本上，這就是個案研究。我希望自己能夠不斷提昇自己的心靈層次，深入心靈的奧義，可以更敏銳解讀對方的心靈訊息。甚至，還可以給對方正面的建議，提振對方的心靈，帶給對方溫暖及療癒的效果。

這是我很感興趣，也會一直不斷從事的工作。當我聆聽別人的煩惱時，也像是在聽自己的故事。通常，心靈有什麼樣的震盪與頻率，就會吸引什麼樣的客人來諮詢。比方說，我對感情的心靈感受力比較強，所以常來預約諮詢的客人，多半是情感困擾。

我希望當個心靈設計師，找出自己心靈的設計藍圖，然後可以自主改造自己的命運。我相信，這將是具體可行的目標，只要我找到那把鑰匙的話。

我覺得活在這個世界上，真是件不容易的事。要勇敢面對生命中的突變，接受生命中的挫折，也必須要在憂鬱的幽谷中爬得起來。這一切都是不簡單的事。如果無法瞭解內在心靈結構的話，就很容易被表象所矇騙。我們容易因為外相的變化而產生種種喜怒哀樂的情緒，彷彿大海波濤洶湧。而我想要探勘的，就是那深沉神祕的心靈海洋。

繼續做完塔羅牌的練習之後，便上床睡覺。明天早上八點，還要上日本現代文學史，這週必須要趕一份報告呢。

丹尼斯約我到陽明山看夜景。

這個隱密的地點，位於W大學旁的一條蜿蜒小徑。我和丹尼斯也來過幾次。在蓊鬱的綠蔭中，緩緩散步到盆地的邊緣。

傍晚時分的台北盆地，已經點亮了萬點星光，閃爍迷茫，襯著深紫的夜空，有奇幻的氣氛，彷彿馬奎斯《百年孤寂》魔幻寫實的味道。

丹尼斯緊緊握住我的手，一起坐著看夕陽。

這個地點，有著神奇的魔力，吞吐著台北無數的幻夢。在城市意識與潛意識之間的接縫，有著一片迷濛的空白地帶，使人無意間便進入催眠狀態。

「丹尼斯，你小時候過得好嗎？」我想瞭解他的童年。

「嗯，他們忙著賺錢，把我丟給褓姆。其實，我到六歲，才真正和他們住在一起。」

「真的？那你一定很想家囉？」我想，年幼的丹尼斯一定很寂寞。

「不會。我有很多玩具車，在我的城堡中，我就是國王。」丹尼斯的父母一定用很多物質來彌補無法陪伴孩子的缺憾。

「你知道嗎？我覺得他們簡直是敷衍我。」丹尼斯忿忿不平。

「為什麼？」

「每年生日，都答應我要帶我出去玩，結果常會爽約。我只收到一大箱的禮物，根本不見人影！」丹尼斯顯得很激動。

「我想，他們一定很忙吧。小時候，我媽也是沒有太多時間陪我。不過，我們住在一起，週日有空也會去散步。」

「用錢和禮物就可以打發我嗎？」我知道丹尼斯國小念的是昂貴的貴族私立小學，還必須住宿。缺乏父母的愛，恐怕是心靈永遠的印記，會影響日後的人格發展。

「薩賓娜，你知道那種與世隔絕的感受嗎？」丹尼斯抓緊我。

「你是說，小時候就有這種感覺嗎？」

「對啊。我覺得自己從小就是孤伶伶的，沒有人愛我。」我現在比較理解丹尼斯的焦慮感是從哪裡來的。難怪，他想要緊緊抓住我，那是基於一種恐懼分離的焦慮感吧。

「其實，我媽是我父親再娶的。我一出生，我媽就難產而死。」我覺得很訝異，丹尼斯第一次告訴我這麼多童年的祕密。

「是我害死我媽的！」丹尼斯似乎快哭的感覺。

「不，你不要這樣想。每個人都有他自己的生命歷程，都有他要學的功課。」我安慰他。

「你媽媽不幸因為難產過世，也許是因為你們在以前就約定好要演出這樣的情節。」我繼續說。

「以前的約定？」

「是的。在轉世之前，我們已經選好自己的父母，也安排好自己要修的學分與課程。如果有這樣的情節，想必也是依照原來的劇本演出。」我說的是前世今生的理論，這是美國布萊恩・魏斯醫生在經過多次催眠研究報告之後，得到的體悟。
「換句話說，你無須對母親的難產而自責，這不是由你引起的。」
「真的嗎？」丹尼斯瞪大眼睛。
「每個人都有自己的生命意義藍圖，也是自己人生劇本的編劇。」我繼續補充。
「嗯。我會再想想。」丹尼斯把我摟得更緊。
夜色更深，城市的夢也更深了。
無意間，我闖入了丹尼斯的童年意識，解讀了他內在深層的心靈架構。他如此焦慮不安，每天都會等我，每小時都會打手機狂call，盯緊我每一個行動。
現在，我終於瞭解這些異常行為背後的原因了。
只是，愛情不是醫生與病人，不是疾病與治療的關係，應該是兩人之間的對等互動。丹尼斯心靈生病了，而我只能勸他看醫生，而非由我扛起治療的責任。我只是個凡人，也不是偉大的救世主。
再說，我只想要有平凡的愛情，我怎能受得了丹尼斯這種濃烈的愛與暴力交雜的詠嘆調？
我深怕這又像爸媽深愛彼此，卻又無法相處的翻版。我只希望可以平淡過日子，有一種了解而被欣賞、被疼愛的感覺。

這是丹尼斯無法瞭解的。

下了陽明山之後，又是更靜默深沉的夜晚。

丹尼斯陪我回女生宿舍。

「永遠不要離開我！」他把我摟得更緊了。

……… 第六章 ………

懸吊者

THE HANGED MAN

我想你愛我的這一刻將會
逝去，被另一種藍取代，
另一層皮膚會覆蓋同樣的骨頭，
另一些眼睛會看到春天。

當大地被沖洗得煥然一新，
另一些眼睛將誕生於水中，
小麥也將蓬勃生長，不再流淚。

——聶魯達《一百首愛的十四行詩》

一清早走在校園裡，情緒有點莫名的焦躁不安，突如其來。眼皮直跳的感覺，總是令人不安。

到底是哪裡不對勁？似乎覺得有事情要發生，焦慮漸漸快把我淹沒。走到醉月湖旁，想要緩和一下自己的情緒。

三月的杜鵑已經凋謝，現在是有點鬱熱的五月。湖畔的蓮花已經悄悄綻放，一片粉色嫣然，冰紫粉紅鵝黃，彷彿印象派畫家莫內的蓮花再現，讓人如癡如醉。

沿著湖畔走著，穿過一路斜風細雨。

走在這麼充滿詩情畫意的校園裡，真是一種莫名的幸福。

大三的課程有我喜歡的日本文學史。我一直很迷戀《源氏物語》，完全沉醉於紫式部描寫的日本平安朝宮廷之戀。書中描述的愛戀與貪嗔癡慢，貴族生活中的細膩與華麗感，讓我懷念不已。似乎，在字裡行間我曾經這麼活過一遭。這種感覺如此熟悉，彷彿有股鄉愁悠悠呼喚著。

記得我們戀情剛開始的時候，丹尼斯也送過我幾片蓮花瓣做的壓花。那是他在湖畔摘的花瓣，壓在書裡。他趁我不注意的時候，拿個信封裝著花瓣，託人放到女生宿舍的信箱。拿到信封的時候，只看到幾片花瓣，一張白紙，大大的兩個字；「想妳」。上面沒有署名。

剛看到的時候，我剎時臉紅心跳。是他。

我知道。

那時候，我們之間的戀情剛開始綻放，一切都充滿粉紅色的感覺，全宇宙彷彿是粉紅色的漩渦，瀰漫著一種純真的性感。可是，戀情後來就漸漸變調，以無法預知的速度與方式，朝向凋零與死亡。

那時，我們也常在湖畔散步，擁吻，發呆，看風景，像是電影場景一樣平凡而浪漫，而一切傾倒崩毀的速度，卻在我們的意料之外。難道，這就是所謂的無常嗎？

眼皮還是一直跳著，只能感覺某種異樣的事情要發生。

繞過湖畔，漫步走向文學院的小徑。

這是一條隱密小徑，兩旁牆面爬滿樹藤，有一種庭院深深的氣氛。走進文學院的院子裡，只見孤傲樹枝指向天際。走上樓梯，到二樓的教室準備上十點的日本文學概論。

教室裡已經坐著單號組的愛倫和瑞秋。她們興高采烈地聊天，頭也沒抬，眼睛也沒瞄我一下。在T大的校園裡，每一個系所的人數實在太多了。這裡全是菁英，每個人儼然都是太陽系的中心，似乎沒有人正眼理你，每個人的軌道似乎都沒有交集，彷彿是寂寞的星球，運轉著屬於自己的宇宙。

誰又曾真正關心過身邊的同學？隨著上下課鐘響，人群潮來潮去，我有時覺得好孤單無助。

在T大雖然已經大三了。大學生和高校生畢竟不同，高校生還是屬於群體出沒的動物，班級團體的意識很強；而大學生是荒野一匹狼，獨自在懸巖哭嚎，也無人理會。

也許這就是大學生活吧？彷彿在大海中獨自泅泳，快要滅頂的感覺。

不知道從什麼時候開始，我漸漸用生病、要幫忙同寢室室友打報告為藉口，把丹尼斯的約會婉轉推掉。感覺丹尼斯對我的執著有點病態，對我的束縛也隨著時日，一天天加重。真的不知道該怎麼面對，可是卻羞於啟齒，不敢對同學傾訴，更不敢對室友洩漏心中的煩悶。

丹尼斯常在文學院門口等我下課。

我們常沿著文學院後面的小路散步，一直走到側門。丹尼斯喜歡逛書店，可是他很詭異，非得拉著我的手不放。可是，偏偏他喜歡看的都是醫學用書，天啊，我怎麼會有興趣呢？他緊緊握住我的手，繼續在醫學用書區埋頭看書。

難道，我非得接受他喜歡的一切？他手握得緊緊地，不讓我自己閒逛。我真的不知道，這有什麼意義？難道，我是一隻用鐵鍊拴著的貴賓狗，陪著主人四處逛逛，毫無自己的選擇權？

受不了他的霸道。我漸漸無法忍受這種被箝制的感覺。雖然，這只是一個小小的動作，卻已經透露了一切。

「丹尼斯，我想自己逛一下。」

「不准。」

這是聖旨嗎？

他以為這是一種甜蜜，我卻覺得這是一種可怖的鎖鍊。

他的手指緊緊地握住我的手，十指相扣。也許，有人會愛極了這種生死相依的感覺，可是我想要的是自由，可以讓靈魂自在呼吸的自由。

丹尼斯瞭解嗎？我曾經試著告訴他，可是他卻完全聽不進去，只想把我牢牢地握住，不留一點空隙。

他的驕傲與強烈的自尊心，讓他成為眾人圍拱的皇帝。高人一等的家世與背景，再加上他的帥氣外表與身材，他的確是位人人稱羨的闊少爺，或者是貴公子。而我，只是一個平凡的女孩，況且背景也稱不上是一般家庭的幸福美滿。

我和丹尼斯之間，似乎上演著一齣不被看好的鬧劇。

漸漸地，我越來越覺得朋友的忠告是對的。

畢竟我和丹尼斯之間差異太大，他的優渥背景和我平凡而複雜的單親家庭兩相對照，彷彿天上人間。

他對這段感情無疑是認真的，只是他是否曾經真正認識我？他懂我嗎？瞭解我想要的是什麼嗎？

我和他之間，似乎越來越遙遠。在他面前，我只是成了一個戴著面具的路人甲。我常常試著壓抑自己的不滿，只能柔順地做個小女人，一味附和他的決定和看法。

我覺得自己好累，這種疲憊感是漸漸累積的，一點一滴像沙堆讓人窒息。

我們還是繼續千篇一律地約會。

只要有空，他總是會在下課時等我。我在「挪威森林」打工，丹尼斯也常來探班。我的生活圈似乎越來越小，丹尼斯不准我參加社團。每天，除了丹尼斯之外，誰都不准想，誰都不准多聊幾句。

覺得自己漸漸無法呼吸。看到丹尼斯出現，下意識裡開始緊張，胃似乎開始抽搐起來。為何會演變到這種地步？

也曾經試著輕描淡寫地丟給他一句：「我覺得我們不是很適合耶。」想探探他的口氣。結果，丹尼斯冷冷地回我：「妳又發神經啦？」一派不想理我的樣子。

「我們不是好好的嗎？我們要在一起很久很久。」

他似乎無法接受真相，看到的總是他想看到的部分。難道，他看不出我已經感覺不到他的愛了嗎？對我而言，這已經是一種痛苦的監牢。

很多話想說出口，又吞了回去。這到底是要留給時間，還是命運？

其實，我也曾考慮過轉學，想擺脫丹尼斯的監控。可是，我又捨不得T大優異的學術環境，畢竟這是一所大家夢寐以求的理想大學，豈能輕易放棄？我又怎麼向媽和阿姨交代？再說，我在這邊打工也很順遂，沒有必要為了丹尼斯捨棄一切。

我也曾試探過丹尼斯，明白表示以後我也許會因為想讀心理系，可能會轉到別的大學也說不定。

丹尼斯馬上回我一句：「妳到哪裡，我就跟到哪裡，妳別想這樣擺脫我！」真的不知道這話是真是假，只是覺得他似乎很病態，而且可能有點超乎正常人的標準。

我們在一起真的很甜蜜嗎？為何一點也沒有愛情的感受？他真的愛我嗎，還是放不下自尊心？無法忍受提分手的是我，而不是他？

這段戀情似乎漸漸走入了死胡同。

前幾天，心煩意亂時，也翻出一張「寶劍十」。塔羅牌裡的寶劍十，乍看之下，畫面頗為嚇人。十支尖銳的寶劍，直立並排，床上坐著一位女子，掩面而泣，一種不祥的氣氛籠罩著整個畫面。當然，這張牌意味著極度的憂慮和悲愁。這和我目前的處境很吻合，目前我真的是處在這種極端痛苦折磨的情境之中，恍如一場醒不過來的夢魇。

這張寶劍十代表束縛和壓力，顯示目前我不知所措的處境。

而丹尼斯對我強烈的嫉妒和佔有慾，已經到了病態的地步。

有一天傍晚，我們依照往例，從T大的操場往側門慢慢散步。

初夏的籃球場上飄散著青春汗味和莫名的興奮感，一個個年輕的胴體正運球走位，散發著一種慾望張力，讓在一旁經過的人們也感染暈眩的青春。

忽然瞄到迎面走來的男子，似乎很眼熟，不禁多瞄了幾眼。

在我身旁的丹尼斯，很敏感地察覺到我的視線轉移，本來還跟我聊著，突然沉默不發一語。

那個男子一身T恤，及肩的長髮有點散亂地披著，戴著一副玳瑁色的眼鏡，手上還拿著幾本書。

原來是我看錯了，我以為他是社團的S學長，其實不是。我們繼續靜默走著，粗心的我卻沒有發覺身旁丹尼斯異樣的情緒起伏。

走出校園的側門，穿過馬路，打算到對面巷子裡的餛飩麵店用餐。

中午時刻校園附近擠滿了大學生和附近的上班族，人群從四面八方湧來，一陣騷熱的食慾瞬間撐開，飽足之後又沉默地闔上了。

我們轉彎走過小巷，到那家常去的餛飩麵店。我點了碗餛飩麵，他點了常吃的牛肉麵。我們靜靜地坐在靠角落裡的位子吃著。

熱騰騰的熱氣從湯碗裡捲起，空氣裡瀰漫著一種不安的騷動。

他突然抓起我的手，用筷子無聲而狠力地戳著，我差點失聲大叫。

小吃店吵雜紛鬧，周圍的人似乎沒有察覺他異樣的舉動，每個人似乎被催眠似地繼續吃著麵。我痛得有點按耐不住。

「為什麼要偷瞄那個男人？」他故意壓低嗓音在我耳邊說。

「我沒有，我只是認錯人了！」我小聲說。

「別狡辯，妳這個婊子！」他恨恨地又戳了我的手背。

我強忍住奪眶而出的眼淚，很想大聲狂叫，讓所有的人都看到他猙獰的面目。可是我不敢，因為這實在太丟臉了。比起他，我只有挨揍的份，毫無還手的能力。

就在此刻，我可以感覺守護靈悲傷地撫摸著我的肩膀，似乎想要安慰我，無聲的手指輕輕撫摸我的臉龐。那是一種無形卻真實的觸感，每個毛細孔都輕輕打開，以眠夢的仰角瞬間清醒。

難道我和丹尼斯就這樣墜入彼此折磨的地獄了嗎？該怎麼做才可以救贖自己？絕望漲滿了心臟，心跳急遽加快，瞳孔瞬間放大，只有哀哀地望著眼前這個還拿著筷子，目露兇光的殺手。

他大概是從另一個異次元空間來的復仇者吧？雖然我不清楚我們的前世因果，不過卻可以感覺到橫亙在我們之間的是一種負面的能量拉扯，黑色的繩索緊緊把我們捆住，他想要把我拉到另一個生命的痛苦幻象。

這一剎那，我真的很想死，希望可以無聲無息消失，像宇宙的泡沫般幻滅。

我感覺自己的能量因為對丹尼斯的憎恨和恐懼，竟然被整個凍結封閉了。也就是說，本來我在接受靈性密碼五的靈啟之後，功力大增，敏銳度頓時提高。但是，因為與丹尼斯之間的愛恨糾葛，強烈的情緒波動把我的靈性氣場整個打亂，原本高階的靈氣現在已經整個封閉阻塞，不再像之前那樣敏感，隨著心念可以一窺對方的磁場狀態，直接接受對方的訊息。

後來，我在幫別人算塔羅牌時，也比以前更容易疲累，感覺是被無數塊石頭從脈輪處壓住，無比的沉重。

我不知所措。

最近自己在練習塔羅牌時，與女祭司和聖杯國王之間的互動也變少了。自己似乎處於靈力渙散，需要再充電加油的狀態。我不禁暗自憂心，不知該如何回到以前平穩順暢的狀態。只有虔誠對觀世音菩薩祈請，我知道祂會回應我的。

那天，我和丹尼斯一起在圖書館看書。在空檔休息的時候，我們走到圖書館一樓的飲水機喝水。他突然說要帶我一起回家，認識一下他的雙親。

我嚇了一跳，趕緊說：「不用吧？我最近很忙，還有很多預約算塔羅牌的客人，改天好了！」

丹尼斯臉一沉：「妳一定得來，我已經和父母親講好了，時間是後天晚上七點，我們一起在家用晚餐。六點半開車來接妳。就這樣。」

丹尼斯的個性就是這樣霸道而大男人，在他面前我似乎完全沒有自主權。難道他不知道我必須要先和打工的老闆說一聲嗎？萬一，後天小賴無法代班，那可就麻煩了。為什麼他永遠不會顧慮到別人？

奇怪，他為何總是那麼信心滿滿，全世界都得要繞著他的軌道公轉，而他才是全宇宙唯一的恆星？

我就是很氣他這點。

後天晚上，一切都照著丹尼斯的計畫執行。他開著賓士跑車來宿舍接我，我身穿合宜大方的粉紅色洋裝，挽著優雅的公主頭，感覺像是服裝雜誌上的大家閨秀，名門千金。這件洋裝，是丹尼斯在新光三越幫我挑的，他自認為比我的品味好太多。

我覺得自己好像一個裝飾美麗的芭比娃娃，在他旁邊充當毫不重要卻不能缺少的伴手禮，好讓他可以體面地向別人誇耀他的生命是如此完整而美好。

認識這麼久，我從來沒想過要去他家。

這是他第一次主動提起，看樣子是很難拒絕的。依照丹尼斯的邏輯，我這個平民小女子應該要興奮半天，感動地痛哭流涕才對。

錯了。我並非這樣的女生。丹尼斯太驕傲了，愛情絕非只有外在條件而已，更重要的是彼此之間的心靈契合，重要的是可以彼此相提相攜。至少，我對情侶的理解是屬於心靈契合，而非純物質條件的比對。

車子快速地朝著陽明山盤旋而上，丹尼斯在一棟白色歐式建築庭院前停車。雖然是晚上，但是庭院裡打著很明亮的照地燈，讓整棟有著希臘挑高廊柱的歐式建築在夜晚更顯氣派雄偉。

我倒抽一口氣。天啊，我真的要進去朝聖嗎？

他熟練地按了門鈴，馬上有位管家模樣的僕人打開鐵門，讓車子進去。車子在院子裡停好後，丹尼斯便挽著我的手，往大拱門走去。

一進玄關，是無數片大石英磚映照著燦爛的水晶垂燈，一幅幅西洋藝術精品油畫懸掛在豪華胡桃木的牆壁上，往前無限延伸。這棟房子到底有多大？這不過是個玄關而已，氣勢就這麼磅礴。我暗暗吐了舌頭，這種排場太嚇人了吧？

丹尼斯帶我繞過掛著熊皮與鹿角，有巨大壁爐和豪華法式紫絨沙發的客廳，朝另一個角落走去。

這間餐廳，真的不是一般人家的用餐處所。這些富麗堂皇的裝潢設計和高貴無比的桌椅，簡直像是身處法國餐廳裡的貴賓包廂。

米色大理石長桌，足足大約十公尺，中間鋪著白色蕾絲的桌巾，兩側各一盆精心插著紅色玫瑰、百合和海芋的歐式花飾，桌側放著插滿十幾根蠟燭的銀製燭台，上方吊著一盞燦爛無比的紅水晶燈，在長桌各一方坐著丹尼斯的父親和母親，遙遙相對。

丹尼斯的父親是個精瘦的中年人，臉上戴著銀米色Armani眼鏡，穿著名牌西裝襯衫。母親則高大而美麗，細緻深刻的五官與丹尼斯簡直是同一個模子印出來的。她對我微笑著，矜持客套的對待方式透露著一種不自覺的傲慢。

我覺得很窘促不安，真的很想趕快逃離這個地方。

「薩賓娜！幸會！我們早就聽丹尼斯提過妳了。」丹尼斯的母親似乎非常善於外交辭令，清脆明亮的嗓音像水晶般敲著我的耳膜。

「是啊！我們早就想邀妳來寒舍用餐了，希望妳今晚在這裡用餐愉快。」丹尼斯的父親用低沉的嗓音緩緩地說。他朝空中做個手勢，旁邊待命的僕人馬上開始了今晚特別精心準備的法國料理。不一會兒，前菜沙拉端來了。

「薩賓娜，不要客氣，請慢用！」女主人熱心地招呼著。

我沒有什麼食慾，勉強用叉子吃幾口。

「薩賓娜，聽說妳念日語系，是嗎？」

「是的，伯母！我喜歡日本文學。」

「我們也對日本很熟悉呢，我們有不少日本銀行界的朋友。」

之後，她就開始了我最害怕的身家調查，仔細而冷酷，似乎想要一步步盤問出我的底細。

「妳一個人在台北嗎？令尊是在哪裡高就？令堂呢？」

「我爸爸在南部開五金行，我爸媽很早就離婚了，現在我媽在日本的餐廳當廚師。」我據實以告，不想遮掩什麼。

聽了我直率的回答後，丹尼斯的母親一臉駭然，好像我犯了什麼滔天大罪。看樣子，丹尼斯似乎不曾告訴他母親我的背景。很顯然地，她似乎沒想到我的家庭背景如此寒愴平凡，與他們家相較之下，簡直像是乞丐與王子一般遙遠。

我可以理解丹尼斯母親的邏輯。他們期待的應該是一位出身名門，身家顯赫的千金小姐，要與她心愛的獨子丹尼斯門當戶對才是。

儘管內心澎湃起伏，丹尼斯的母親應對自如，馬上就回神，神色自若，避重就輕：「妳可要多喝點海鮮濃湯喲，法國主廚精心熬燉的呢。」

「對了，妳在台灣還有親戚朋友嗎？」

「有的。我有一位阿姨在永和開飾品店。」我覺得食不知味。她似乎顯得更失望了，嘴角明顯下垂。丹尼斯眼神一轉，想阻止母親繼續對我做戶口普查，可是他母親似乎興致勃勃，一直想探個究竟。

「妳還有兄弟姊妹嗎？」

「我還有一個弟弟在南部唸高中。」

烤明蝦和鵝肝XO醬拼盤已經端上來，整齊擺放在面前。

「妳對將來有什麼規劃呢？」我實在受不了他母親的盤問，到底我還要不要用餐啊？難怪，丹尼斯以前得過憂鬱症，大概是他母親逼出來的。

「媽，不要再問了，菜都要涼了！」丹尼斯低聲說道。

「我是關心，我們什麼時候干涉過你的交友狀況啊？」他母親的聲音似乎有點火藥味。

「對了，薩賓娜，妳知道我們丹尼斯有個青梅竹馬？海蓮娜是我們看著長大的，她也在T大念美術系，是個氣質美女呢。她爸爸是外交官，我們在歐洲開發貿易市場時認識的。」她提到海蓮娜時，臉上散發著一種愉悅的神采。

「海蓮娜也常來我們家用餐，丹尼斯也常……」

「媽，不要再說了！」丹尼斯已經生氣了，氣得臉冒青筋。

「好吧，不過，我覺得你也不要太冷落海蓮娜，她到底哪裡不好？」他母親這些話不像是對她兒子說的，而是對我說的。看來，她是想要我知難而退吧。

「伯母，我聽說他們好像感情很不錯，您放心，我和丹尼斯只是普通朋友而已。」我趕緊順水推舟。

「喔，真的嗎？那是我太多心了。」丹尼斯母親高興極了，順手夾起一尾大明蝦。

從頭到尾，丹尼斯的父親都不發一語，低頭猛吃。想必他大概看多母子檔唇槍舌劍的場面了。

我覺得丹尼斯的母親很強勢，想要一手主導兒子的婚姻。其實，我內心暗暗竊喜。這對我來說，真是求之不得的好消息。

丹尼斯開始生悶氣，似乎不想再待下去。

「爸媽，我們吃飽了。薩賓娜，我們走吧！我送妳回去。」丹尼斯站起身來，拉著我的手快步走出餐廳，留下一臉愕然的父母親。

「丹尼斯！不要走，丹尼斯！」母親淒厲的呼喊劃破大宅的寂靜。

我們走出豪宅，在噴水池旁停住腳步。

兩個人都很靜默。

「丹尼斯，我們差距真的太大了，我們還是分手比較好。」我很冷靜地說。

「不行！我們一定要在一起，妳難道不懂我對妳的感情嗎？」

「你覺得我能和你的父母親相處嗎？」我反問他。

「我家只是普通的小康家庭，和你的家庭背景差太遠了，我們不可能在一起的。」我希望他可以看清楚這個真相。

「不！妳不要再說了！」丹尼斯把我拉往前強吻我，我用力掙脫。

丹尼斯拿出一個淺藍包裝的盒子，那是經典的Tiffany。他拿出一枚八爪鑽戒，套在我的無名指。

「不！丹尼斯，我不能接受這個禮物！真的不行！」

「聽著，我們一定會在一起的！我不能沒有妳！」我想要拔掉鑽戒，丹尼斯強有力的手臂卻把我攬得更緊。

我望著桌上的Tiffany鑽戒發呆。

我真的不知該如何是好。只能選擇逃避，不去想這個令人頭痛的問題。

我只想假裝這一切都未曾發生過。這顆愛情的毒瘤，讓我渾身不舒服。我只想繼續回到我的正常軌道，沒有丹尼斯的糾纏，沒有這些門當戶對的壓力。

我只想做最簡單的自己。

有時候，受不了這股壓力時，就會找安琪拉一起拈花惹草，有釋放壓力的神奇效果。我騎著腳踏車，駛向校園的溫室一角。

往椰林大道的盡頭右側走，便是農藝系的溫室。

從外觀看，彷彿是蜜蜂的的六角型蜂房。透明的落地玻璃窗內是茂密的小盆樹種，各式各樣的植物，令人目不暇給。安琪拉在裡面也種了幾盆百勒、薄荷和小茴香。我喜歡和她一起在溫室裡翻翻土，除草澆水。

大自然裡的植物散發出一種清新的能量，讓靠近的人都為之精神一振。淡淡柔和的光暈籠罩著植物四周，我好喜歡沉浸在這種氣氛，恍如漫步雲端。植物的香氣讓鼻子胸口覺得好舒暢，連我的眉間輪也都鬆開了。

真的好舒服哪。

安琪拉蹲在角落裡，幫薄荷澆水。我幫忙把土翻一翻。

柔和的陽光灑下來，感覺好像從市區突然隱遁到地底下另外一個異境，充滿超現實的熱帶雨林感，說不定還會冒出鱷魚和獼猴呢。

我覺得這簡直像是墨西哥女畫家芙列達．卡蘿的「與猴子一起的自畫像」，充滿生命強烈的張力。我閉著眼睛，努力吸幾口這麼清新的空氣。

「安琪拉，妳真的很厲害，花草好像很聽妳的話。」

「大概從小就喜歡種花吧，我會跟植物聊聊天。」

「這和我很像呢，我也常自己玩塔羅牌，搞自閉。」

「沒辦法，我爸媽忙著做生意。對了，妳和那個丹尼斯怎麼了？」

我不知道怎麼回答，繼續翻著土。

「幹嘛那麼神祕？」

「我只是覺得他的愛情太病態了，也太沉重了。他真的很會疑神疑鬼。」

「他只是太在乎妳了。」
「可是，我真的覺得他很變態。是不是該看心理醫生啊？」
「有這麼嚴重嗎？」安琪拉繼續澆著花。
「你不知道，我覺得我好像是犯人，快把我逼瘋了。他的佔有慾太強了，這種傾向越來越嚴重。」
「妳和他談過嗎？」
「當然有，只是他根本不想聽我的想法，只是一直堅持他的看法。難道，他不知道我們之間的差異實在太大嗎？」
「我想他大概太愛妳了，不能忍受失去妳。」
「我覺得這只是因為他自尊心太強，無法忍受我先提出分手罷了。」
「丹尼斯就像是這株仙人掌，尖刺只會往別人身上扎，在別人面前總是一副很冷漠的樣子。」安琪拉縝密的觀察力很敏銳。「妳呢，妳很像是百合花，太純潔，沒什麼心機，太容易受傷。」
「我不知道該怎麼辦啊。」我站起身來，走向安琪拉。
「沒關係，交給時間好了，時間自然會透露一切奧祕。」
溫暖的陽光照著我，彷彿幾千萬伏特的高壓能量瞬間傳輸下來，在陽光下，一切的陰暗與悲哀似乎都變得可以忍受，在大自然的光與能量裡面，人的心靈也被灌注一股正面的能量。

很喜歡植物環繞我的感覺。雖然，它們並不像貓或狗一樣活蹦亂跳，可是也會靜靜散發一種能量的波率，搖擺著微弱彩虹的頻率。

安琪拉真的是個不錯的朋友，和她聊一聊之後，心情變得開朗多了。我們繼續把溫室裡的花草巡視一遍，就各自上課去了。

很感謝在校園裡還有這麼一處桃花源，散發著天堂般的純潔與能量。生活裡還是充滿了小小的奇蹟。

上完「日本文學史」之後，在二樓教室遇到學妹海倫。有一陣子沒見了，她原本就不豐腴的臉頰更形清瘦，眼睛顯得更大卻空洞無神。在這麼廣闊的校園中，想要碰面也是不容易。

「海倫，妳還好嗎？」我拍拍她的肩膀。

「學姊，我和他吹了。」海倫似乎快哭出來了。「他竟然劈腿，背著我和清大戲劇社的女主角約會。」

難怪海倫大受打擊。

以她的美貌和才藝，怎麼能忍受男朋友背叛她？海倫一向是家裡的掌上明珠，從雄女中一路順遂直上T大，從小到大從沒受過任何委屈。她是那麼優秀傑出，是公認的優質美女。如果T大要選校園美女，學妹應該也會名列前茅。

「海倫，妳不要太傷心了，妳的氣色看起來太差了。」我有點擔心，因為學妹的氣場籠罩著一片黑濛濛的霧，可能是她負面的情緒把磁場變得很混濁。

「學姊，我真的很恨他。」海倫的氣場又更顯黑濁，一陣灰色的氣流四處奔竄。

「海倫，那種人不值得妳愛，妳可以選擇更好的呀。」

「我受不了被背叛的感覺，我覺得我真的快瘋了。」海倫用力擰著她的黑色斜背包包。

「妳需要找他談談嗎？這或許是場誤會。」

「我不管，這是戲劇社的同學親口告訴我的。」海倫的確有點太任性。

「可是，別人的話不一定是真的，妳沒聽過人言可畏嗎？」

「我會找他的，我一定要跟他說個明白。這三年的感情說散就散，就這麼容易嗎？我不甘願。」

「海倫，妳要理智一點，如果妳需要我的聆聽與陪伴，我會在宿舍等妳。不然，妳也可以到我打工的『挪威森林』喝杯咖啡，我請客。」

「學姊，謝謝妳。」海倫趕著上下一堂課，我們只好暫別。望著她漸行漸遠的身影，突然有種不祥的預感，可是卻說不出口。

目送著海倫走出文學院，椰林大道上颳起一股冷颼颼的怪風，向遙遠的天際盤旋而去。

第七章

魔術師

THE MAGICIAN

我或許受了傷——雖然未流血——
沿著你生命中的一道光芒前行。
在叢林之中，水擋住我的去路，
連天空一起掉落的雨水。

然後我觸摸到那顆隨雨落下的心：
我知道那是你的眼睛，它穿透我，
進入我的憂傷的遼闊腹地。

——聶魯達《一百首愛的十四行詩》

沒有打工的時候，我和丹尼斯常到T大校園附近閒逛。

我們也常去逛附近的書店，或者坐在麥當勞的巨大玻璃窗前發呆。T大校園附近是一種封閉式的文藝氣場，穿梭的人群似乎都是與T大相關的學生或教授族群。來往的人們臉上帶著濃濃的書卷氣與自信，也散發淡淡的冷漠。這群才氣縱橫的青春族群，充滿信心仰望未來。

溫州公園是我們常會去閒晃的地方。丹尼斯雖然有賓士跑車，可是我們反而喜歡在校園附近散步，也省掉停車的麻煩。

有天晚上，大概十點半多，我們一起閒逛到附近的溫州公園。

這個公園不算太大，四周都是飲食店和住家，鬧中取靜，周圍幾棵樹點綴著長椅，偶而有路人閒坐。

繼續閒逛著，覺得腳痠了，便坐在長椅上休息一下。

這時候，抬頭看到有位老伯伯，年紀大概七十幾歲，頭髮已經斑白，身穿深色的運動外套和長褲，朝著我們走來，向我們招招手。

「年輕人，晚上不要到這裡來！」

「怎麼了？」我不瞭解他的用意。

這時，我注意到他的眼神很奇特，直覺他並不是普通人。

因為一般人講話時，眼睛會注視著講話的對象。而這個老伯伯的眼睛很空洞，視覺焦點似乎很遙遠，在不屬於這個地球的遠方。同時，我也看到他的身體散發一種靛色的光芒，隱隱發亮。

「妳沒看到樹上的東西？」他指著長椅旁的樹影。

我努力往上面瞧著，也沒看到什麼東西。

「這邊以前是日本軍隊的刑場，晚上不要來這裡。難道妳沒看到那種東西？」

聽了老伯伯的話，我們真的嚇了一跳，覺得渾身不自在，趕快站起身來，想離開這個公園。

真的嗎？還是覺得很奇怪，畢竟我沒有超能力可以看到那些靈界的存在。不過，我們還是覺得心裡直發毛，想儘速離開那個地方。

於是，我們朝著T大的方向快走了幾步。

突然，我想回頭看看那位老伯伯往哪個方向走。可是，奇怪的是。當我往後一看，卻找不到他的蹤影。

這似乎不合情理。老伯伯這把年紀應該不至於走得太快，還在這公園附近繞吧。

可是，他彷彿人間蒸發，瞬間消失。

我知道自己可以感應到一些異樣的磁場，如果到了不乾淨的場所，就會莫名的頭痛不舒服。這個世界似乎存在著很多異次元的靈體，和現實世界交叉存在著。有時候，在多重次元世界的重疊之中，我們會在縫隙中瞄見一兩眼，望進奇異的世界次元。也許可以瞬間凝視過去，或者不可見的未來，或許是陌生的靈體，也可能是自己的守護靈。

我想，也許老伯伯是好心的守護靈吧，特地來警告我不要走入這個有著負面磁場的結界，也許是考慮我的安全吧。

我真的很感激他，儘管不知他來自何方。一直心存感謝，滿心感謝他們默默地守護。感謝大家喔。默默在心裡祈禱著。

相信也有不少人有類似自己這種奇特的體質。只要到了不乾淨的磁場，便會開始頭痛，渾身不舒服。其實，我也無法控制自己的反應，只好漸漸習慣，與自己的特質共處。

還記得我曾經和幾個社團的同學到某個英國領事館參觀。

那是一處依山傍海的古蹟，旁邊有一間小廟。我們一群人沿著斜坡走上去，我遠遠落在人群後。說也奇怪，越走越近時，卻開始頭痛。我知道前面的磁場一定不太乾淨，所以就跟同學說我不上去了，先在下面等她們就好。

同學們覺得很奇怪，只是我也不想多加解釋。這種現象對我來說，已經見怪不怪了。

有一次，搭火車也曾發生過類似的怪事。

那次，在往北的火車上，遇到一位中年婦人。當火車停靠在板橋站時，上來了一位婦人。我的位子剛好在門旁邊，旁邊還有空位，她走到我旁邊坐下。

她對著我一直微笑，我覺得很納悶。不禁懷疑她大概是精神有點不太正常吧？

我沒有理她，索性閉上眼睛休息一會兒。可是，雖然眼睛是閉著的，卻感覺身旁的她還是繼續對我微笑。這真的太詭異了。

後來，火車一路疾駛，很快就到了台北站。我站起身來，準備下車。

我在車廂門前準備下車時，婦人突然滔滔不絕說：「小姐，妳今年二十二歲，和觀世音菩薩很有緣。千萬不要忘了修行喔，妳會很好命的！要常常唸觀世音菩薩！」

一剎那間，我真的嚇到了，她怎麼知道我的年紀呢？又怎麼知道我和觀世音菩薩之間的因緣呢？

不過，火車已經到站，我必須下車。後來，還頗遺憾沒多請教她幾個問題，說不定她還可以透露一些天機呢。

這些類似的事件不斷發生，在我生活中真實上演。

真的可以感受身邊存在著守護靈，而且祂們會時時守護著我，常提醒我要在心地上用功，不要被眼前的障礙所困住。

對我而言，祂們是超越現實結構的靈體，就像塔羅牌的女祭司和聖杯國王，也是異次元空間的存在，時時刻刻尋覓那些特殊體質的人，也時刻護衛著那些特殊靈啟體質的人，因為他們負有特殊使命，必須在今世達成。

想著想著，不禁流下感激的眼淚。

應該打起精神來，好好活著，相信一定有使命要完成，相信宇宙中自然有一種意義的存在，等著我去體悟，而這些苦也終將不會白費。

我告訴自己，一定要撐下去，繼續勇敢走下去，希望將來可以明瞭這一切的發生，體認這些事件背後真正的生命意義藍圖。真心希望將來可以去幫助那些為情所困，痛苦不堪的人們。

這些守護靈像是魔術師般幻化成不同的角色，有的年輕，有的蒼老，亦男亦女，隨處化現。在生活中不經意的角落裡，普通的外表讓人覺察不出祂們的特殊之處。這些招數真是太高明了，不愧是傑出的靈界魔術師。

以塔羅牌的象徵意義來說，江姊也是出現在我生命中的魔術師。

遇到江姊，的確是奇妙的經驗。

記得那次到書店逛逛，隨手翻到一本有關前世今生的書。這是我的習慣，如果到書店買書，都會在心底默默祈求觀世音菩薩，引領我找到目前階段最適合自己的書，給我最適性的啟發。說也奇怪，這樣一來，往往很順利找到可以解決內在困擾的書，而且這種經驗百試不爽。

這應該是一種自我意識與實相的呼應現象，也就是觀世音菩薩所謂的千處祈求千處應的大能。

翻開江姊的書，這是一本結合自傳和算命的真實案例。

江姊從小就擁有靈力，看得到無形的靈體。小時候，還被家人認為是怪胎，覺得她是烏鴉嘴，因為她說的事情都會神奇應驗。後來，長大後她便開始運用這種特殊能力幫客人解決各種疑難雜症。她是個天生即擁有特殊能力的靈啟者，只不過她用的是另一套民間通俗的語言，用卜卦幫人解決問題。

很有趣地，我發現自己特別容易遇到靈啟者。

所謂的靈啟者，通常會有不同的媒介與心靈層次，也就是聖杯國王所說的靈階。我常遇到來自於道教或者佛教背景的靈啟者。這些靈啟者，不管信奉哪一種宗教，相同的一點是，他們不貪錢財，並非為了賺錢而幫別人。相反地，他們只是單純奉獻自己，希望能讓痛苦的眾生可以得到一些啟發與醒悟。而這些針對生命實相的建議，對身陷難關的眾生來說，格外珍貴。

不過，我並不會過度依賴這些靈啟者。

因為我深知所謂的靈啟是有不同層次的。這些靈啟者看到的現象，也是侷限於自己的層次與解讀，可以當作參考，可是並不能當作標準答案。我把這些靈啟者所說的智慧之語當作一部天啟之書，而盡信書，不如無書。我希望自己能啟發真正的智慧，面對一切的發生，體悟出生命的意義，過自己想過的生活。這些神通能力並非我想追求的東西。神通能力並不等於可以通達實相，解決生死的智慧啊。

那天晚上，我一看到江姊的奇書後，當天就馬上看完，也大受感動。那天晚上，居然夢到自己跑去她卜卦算命的地方。在夢裡，我是去請教她問題的。

夢中，她的臉不是很清楚，有點模糊的印象。不過，我知道那是江姊。其實，我未曾與她碰面，書上也沒有作者照片。可是，卻深覺和她有緣，這種感覺很強烈。

後來，我打電話從出版社編輯那裡問到了江姊的工作室。和她預約會面時間之後，便坐車到新店與她碰面。

江姊的工作室座落於新店的花園新城附近。彎進一個安靜的巷子裡，有一個小招牌從茂盛的紫紅色九重葛探出頭來，那就是了。我按了電鈴。

江姊年紀大約四十多歲，看起來滿俐落的，外表打扮就像是一般儉樸的婦人。我看到她眉間隱約有藍色的智慧光芒。她個子不高，但是背後的靈體之光，卻是她實際身體的兩倍大。感覺她應該是很善良，有著高度靈啟能力的使者。

她很親切地幫我沏了茶，我們在大辦公桌旁坐下。

「妳很年輕喔，妳家的菩薩也跟著妳來囉。」

「菩薩？妳指的是哪尊菩薩？」

「觀世音菩薩，妳和祂非常有緣，是祂帶妳轉世的。」

「嗯，真的。我小時候也常夢到觀世音菩薩。我夢過祂出現在天空，臉龐很莊嚴，很純淨，祂還用甘露水灑在我身上。」

「跟妳講話要小心點，因為菩薩在旁邊看哪！」江姊開我玩笑。

「江姊，我想要請教感情問題，我覺得很頭痛。」我試探性地問。

「這是妳必須要經歷的試煉，懂嗎？妳必須要在塵世裡歷練一番，觀世音帶妳來投胎轉世，目的也是要讓妳在靈性修練能更上層樓。」

「難道這一切的發生都是命定？」我很納悶。

「到時候，妳就知道了。不過，善與惡都是自己創造的，我們要心存善念，多做好事，把煩惱清一清，就可以漸漸與上天接軌，自然明瞭宇宙的奧妙。」江姊停下來喝了口茶。

「還有啊，妳的情障比較多，感情這條路比較難走，這是妳的靈修功課，該放下的就放下，不要太執著。」

「你說得對。我現在很想和男友分手，可是他不肯。怎麼辦？」

「這就是業還未了啊。妳先唸誦一百部金剛經再說吧。等到這些業都消了，自然他就會願意放手。」

「為什麼他要這樣對我？我真的受不了。」我難過地快哭出來。

「孩子，不要太傷心，這是修練過程，懂嗎？沒有人可以代替妳消除業障，只有妳自己可以做自己生命的主宰。不用怕，觀世音菩薩隨時都在妳身邊。有空，也可以常來找我聊天啊。」

江姊安慰我，又幫我倒茶。她人真好，真慶幸我又遇到一位良師益友。

「妳很有天賦，妳是不是常預知事情會發生？」江姊問我。

「對啊，而且常會有這種狀況。」

「妳已經快要開第三眼了。」她對我微笑。

「我不想要開什麼第三眼，我只想當平凡人，擁有甜蜜的愛情就好。」我說的是真心話。對我而言，有什麼比身心靈能夠彼此契合的靈魂伴侶更重要呢？至少，目前我真的只想要這個。

「我說嘛，就是情執太重！」江姊笑了，難道她會讀心術嗎？

那是我們第一次碰面。

後來，在練習塔羅牌時，我和聖杯國王去雅典神廟領受靈啟，打開了全身的脈輪，也應驗了江姊先前的預言。我覺得她是很厲害的靈啟者。

所以，後來我也常找江姊聊天。找她卜卦的人非常多，我想要過去拜訪她的時候，會先打電話和她預約。感覺上，我和江姊形同姊妹，有時她又像媽媽的感覺。江姊也對我很關心，不時噓寒問暖。

有時候，她也會把來卜卦的客人轉介給我算塔羅牌。

江姊笑著說，這些西洋玩意兒她不會，但是她說我算的一定神準，所以她也會樂意幫我介紹客人。她幫我在她的工作室也擺了另一張辦公桌，用屏風隔開。她也幫我一起印名片，客人要找我就先預約即可。

所以，現在除了在「挪威森林」打工和算塔羅牌之外，我又多了一個算塔羅牌的據點。雖然一個星期只有排一天，但是對經濟狀況也不無小補。真的很感激江姊，點滴在心頭。

記得那天晚上八點左右，在江姊的工作室幫客人算塔羅牌。

江姊有事外出，我幫最後一位預約的客人用行動方案牌陣，算他是否適合跳槽。算牌結束之後，繼續點薰香，又重新沏了一壺玫瑰迷迭香。

拿出自己的義大利牌做今晚的練習。

依照慣例，我幫客人算牌時，是用一副標準的偉特牌，而自己練習時，則是用專屬的義大利帕藍迪尼（New Palladini）。自用的塔羅牌和幫客人算的牌必須分開，因為客人摸過的牌往往會殘留很雜亂的能量，整副牌的氣會變得很混濁。幫客人算完牌後，還必須用水晶與薰香來淨化。

自己的牌，就會有屬於自己的味道和頻率，這和個人穿著的衣服相同。不同人穿過的衣服，就會殘留屬於個人的能量震動。有時候，敏銳的靈啟者觸摸一下衣服，就可以解讀出這個人的內在靈性資料。

於是，我用能量脈輪牌陣，排出最近的能量狀態。一開始先洗牌，然後從最底部的海底輪位置放一張，生殖輪放一張，左右臍輪放一張，中間心輪放一張，然後是喉輪左右各一張，眉間輪左右各一張，最上面則是頂輪一張，總共是十張。

然後依照次序，翻出牌面。

海底輪是愚人，臍輪是月亮，心輪是聖杯十，翻到最上面的頂輪時，則是魔術師。在翻開的一剎那間，突然有一道強烈的光芒射往天際。

魔術師右手拿綠水晶權杖指著天，左手指著大地，而他的前方有張桌子，上面則是一枚五芒星、一個聖杯、一副寶劍和一朵曼陀羅花。

「孩子，妳今天要領受靈性密碼七的訓練。」魔術師頭上戴著鑲著綠松石的頭冠，緩緩對我說。

「太快了吧？我真的又要接受靈性密碼七的靈啟？」

真的有點不敢置信。

如果依照聖杯國王的說法，我本來屬於靈階第七十九階，經過上次靈性五的靈啟儀式之後，已經往前跳了七階，也就是第八十六階。如果現在又要接受靈性密碼七的訓練，豈不是又要往前七階，也就是會快速達到第九十三階？

所謂高處不勝寒，我只想好好在人間，平平凡凡過一生。這些靈啟能力都不是我想要的。為何真正想要的，總是得不到，而這些靈啟與修練卻不請自來？

真的覺得很無奈。

「別問那麼多，我只是奉命前來。」魔術師眨一眨眼睛。「這次，我們要到一個神祕的地方，跟我來！」

魔術師用聖杯之水幫我點在頭上，淨化過後，他又用綠水晶權杖點我的前額。突然一瞬間，我縮小了，彷彿被吸塵器的強風一刮，變得越來越輕薄短小，朝桌上的五芒星中央收攝而去。

感覺不斷天旋地轉，彷彿經過一個光亮的隧道，縮進一枚世界的細胞核之中。不知過了多久，我們降落在古羅馬時期的大教堂。外觀宏偉的殿堂廊柱和雕花大理石讓我目不暇給。

魔術師帶領著我，走入有著玫瑰花窗型的大教堂，陽光透過窗稜，教堂裡瀰漫柔和的氣氛與絢麗的色彩。這間古羅馬大教堂似乎是古羅馬王國的信仰中心，挑高的殿堂中央有一個巨大的五芒星圖案。前方的盡頭，則是一個碩大的玫瑰石十字架和聖壇。

魔術師示意，要我站在五芒星的中央點。站好之後，才赫然發現這個中央點剛好與五角型教堂的中心點吻合。我張開手臂，感受這股強大能量的焦點似乎讓我全身脈輪震動頻率更高，閃爍耀眼的光芒。

似乎成為光的本身，一切都是純淨的光。

我知道這是在補充能量，提升能量震動的頻率。

不知過了多久，光芒漸漸隱退，彷彿靈階已經瞬間提升。

經過純淨之光的洗滌之後，我眼前出現一個視窗畫面，快速瀏覽印度奧義書、古梵文佛經、可蘭經、聖經等人類文明的經典。畫面不斷開展翻閱，我似乎可以完全領會其中深奧的意涵。

原來一切經典的起源是同一個，只是在不同的地區，順應不同的語言，適合不同膚色的人種慧根程度而衍生不同的版本。實相只有一個，因為人類的根器不同，有各種深淺程度不同的教典，不同種族與文化背景的人類可以接受適合的教導。

有些人適合小學程度的教法，有些人適合大學更進階的教導，而少部分人則適合博士班的教授。我們不能以管窺天，以自己的偏見去批評不同的教法。人類要以更開闊的心去接受根本智慧，而非故步自封。

我在靜默中領悟到這個道理。

這時，從聖壇後面走出一位教皇。我看到他的臉龐時，差點驚訝地大叫。

那不是丹尼斯嗎？他怎麼會來這裡？

教皇身穿明黃色的天鵝絨長袍，頭上戴著一頂七色寶石的頭冠，手中拿著四面水晶冰封的立體神諭。

他對我微笑說：「妳想到誰，就會出現誰，我只是妳心靈的反映。」

實在有點尷尬，不知如何回答。難道潛意識裡，我還這麼深深掛念丹尼斯嗎？

「孩子，妳過來選一道屬於妳的神諭。」教皇口氣很溫和。

我忐忑不安地走過去，指了他手上的第三道神諭。

「妳選的是聖杯七，妳在心靈方面的能量將瞬間提升到聖杯七的境界。」

我不是很明白，似懂非懂。

「妳選了聖杯七，而非其他的權杖七、寶劍七或者錢幣七，這表示對妳來說，聖杯七格外重要，是妳生命意義藍圖的隱喻。」

這該不會是容格所說的原型吧？

「沒錯，妳也可以這麼說。」教皇似乎可以讀懂我的心思。

「在未來，妳將會經歷聖杯七的際遇。靈性密碼七的意義，是內在靈性的追尋，七是一種至高無上的靈性智慧震動與喜悅。聖杯七代表的意義，也就是追求至高神聖意義的旅程。」

教皇拿起聖杯七的神諭牌，幫我放在頭頂的頂輪上。說也奇怪，這面水晶牌竟然是透明而無質量的，瞬間幻化成一道七色彩虹光芒，直接從我的頂輪灌入，彷彿醍醐灌頂一般。

教皇輕輕地騰空飛起，也融入這道光芒。我簡直不敢相信我的眼睛，他居然可以進入我的身體內？我看到教皇和魔術師全身散發出藍紫色的智慧光芒，化成古梵字阿和吽一起化入自己的頂輪和心輪。

我感覺身體不斷擴大，不斷擴大，直到宇宙虛空的邊際。一剎那間，自我的意識似乎消失了，只剩下最原始最純粹的存在。小我已經消失無蹤，宇宙超我明朗朗地存在。

不知過了多久，光芒漸漸隱退，教皇和魔術師似乎就站在我面前，一切都歸於平靜。

當這個靈性七的靈啟儀式結束後，魔術師拿出一枚五芒星的封印送給教皇。然後，教皇把五芒星放置在聖壇上，頓時聖壇上也閃爍著神妙無比的水晶光芒，衝向五芒星教堂穹廬的最高點。

這一切都充滿水晶般的震動，感覺是雪花般潔淨，也有彩虹的光頻。一切都滿溢神聖之美。

我看到教皇對我微笑。他把一枚五芒星水晶墜子送給我，當作靈性傳導的媒介。我把它戴在胸前。

「以後妳會用到這個墜子，它也會保護妳，免於邪惡能量的干擾。」

威嚴英俊的教皇把權杖一揮，剎那間消失無蹤。魔術師帶著我佇立在五芒星圖案的中央，結束了這趟旅程，讓我返回現實界。

我們不斷縮小旋轉，經歷原子、分子、粒子等形式的旋轉。彷彿一秒之間，也像是一世紀那麼久遠，我回神過來，發現自己坐在江姊的辦公桌前。

桌子上是之前排好的能量脈輪牌陣，而我的脖子上卻已經戴著教皇送我的水晶墜子。我看著那張魔術師牌，不禁會心微笑。

牆壁上的掛鐘時間是九點零七分。我聽到江姊推了門進來。

「還沒回去啊？」江姊把外套掛在門邊。

「薩賓娜，妳今天的客人多嗎？」江姊繞到廚房端出一盤小煎包當點心。

「還好啦，真的很謝謝妳喔。」我把桌面收拾一下。「下次，換我帶公館的餛飩給妳吃，真的很讚喔！」

我們一起吃香噴噴的小煎包，感覺很家常很溫馨。這種生活中小小的幸福，總是讓我對於現實界有著難以抹滅的眷戀。

下個月十七日是江姊的生日，我想幫她買一份生日禮物。江姊的老家在高雄，她又是單身一人獨自在台北。我知道她也很喜歡有人可以陪伴。江姊的生活非常儉樸，很有愛心，不斷持續捐助一些慈善機構。

江姊雖然沒有顯赫的學歷，可是卻懂得回饋社會，真令人欽佩。我在心中也把她當成一位仿效的模範。希望以後，自己比較有能力時，也要像她一樣幫助更多人。江姊彷彿是尊觀音菩薩，在這冷酷的都市叢林中，千處祈求千處應。

收拾好之後，便回到宿舍去了。

過了幾天，學姊詩欣跑到挪威森林來找我。她聽說我會算塔羅牌，便想要問我一些問題。

泡好一杯曼特寧咖啡，端出去給學姊。

「薩賓娜，聽小黑說妳很厲害，上次他來找妳問感情問題，結果真的像妳的塔羅牌解讀結果，他們現在真的在一起了。」學姊從粉紅色的Coach包拿出一張照片。

「妳看，這是我現在的男友山姆。你看我們會不會結婚啊？」學姊露出羞澀的笑容。

「我幫妳看看囉。妳先把牌洗一下，要專心想妳的問題。」我讓學姊先洗一下牌，其實我是在觀察學姊的氣場，目前她被玫瑰粉紅的氣包圍著。

自從接受了教皇靈性密碼七的靈啟之後，我發現自己的靈視更清晰了，可以更清楚觀察到對方的氣層變化。有時候，甚至可以直覺感受對方未來的變化。現在，對我來說，塔羅牌只是一個媒介而已，在看牌之前，心中便會有答案出現，只是我並不想這麼快就說出訊息。

塔羅牌可以充當很好的媒介，讓對方可以藉此放鬆，深入提問題。

我把學姊洗好的牌洗成三疊，再從三疊牌中依序拿出七張牌，用戀人牌陣來排出學姊的答案。

一號位置是命運之輪，二號位置是戀人正位，三號位置是戰車正位，四號位置是權杖四，五號位置是聖杯騎士，六號位置是錢幣一，七號位置是聖杯十。

「學姊，妳很喜歡他，他對妳也相當依賴。你們之間的互動是充滿知性而愉悅。他來自於一個比較傳統的家庭，你們在觀念上應該很能溝通。我看呢，未來你們步入禮堂的機率應該不小。」

學姊似乎很興奮，眼睛睜得很大，抓住我的手說：「真的嗎？我也覺得我們滿速配的。」

「你們之間已經有一股愛的能量聯繫起來，幾年後結婚的機率頗大。不過，妳和他的家人之間，特別是婆婆，可能需要多花時間彼此適應。」

「妳說的對，他是獨生子。我覺得他的父親對我很客氣，母親看起來有點難纏。我們在一起會很長長久久嗎？」學姊急著問我。

「別想那麼多，先好好珍惜這段感情和婚姻吧，其他以後再說。」我很誠懇地向學姊說。我看到他們結婚以後，會因為婆婆從中作梗的關係，有不少口舌爭執。不過，他們還是很適合的一對，關係也很長久。

我發現，現在自己已經擁有對未來的預知能力，不過這種能力不是很穩定，有時會有靈感，有時卻沒感覺，開關鈕的開啟與關閉，不是由我控制，只能說一切隨緣吧。

學姊意猶未盡，還想問關於畢業之後的方向。

我請她再重新洗牌一次，這次用行動方案牌陣幫她算牌。洗完牌之後，她抽出七張牌給我，排成大十字形的行動方案牌陣。

「學姊，妳跟遠方特別有緣，依照牌面來看，妳應該會從事與海外異國有關的行業。」其實，我已經看到學姊穿上空服員的制服，在飛機上服務。

「我最近很想去考空姐，可是爸媽不同意，他們覺得這份工作雖然高薪，可是太辛苦了。」學姊用認真的眼神看著我。

「我覺得妳很適合耶，妳應該會相當適合這份工作。再說，這也可以發揮妳語言的專長啊。」我看著牌面解讀。

「我也是這麼覺得。空服員的考試競爭非常激烈呢，我很擔心自己考得上嗎？」

「沒問題的啦，我相信妳會順利通過考試。不過，妳比較可能考上J航空公司，別家就可能有點困難。」我看到學姊身上穿的J航空公司制服，我又加了一句。

「真的嗎？我好高興，如果真的考上了，一定會請妳吃大餐喔。」學姊興奮地快要跳起身來。

因為她說話的聲音太大，店裡的客人轉過頭來看著我們。

「學姊，小聲一點啦，別人都在看我們。」

學姊吐了吐舌頭。

「我真的好期待喔。薩賓娜，妳真的好厲害呢，我回去一定好好幫妳宣傳一下。」

學姊遞給我一個紅包袋，便先行離去。

我覺得自從接受靈性密碼五和七的靈啟之後，解讀塔羅牌的功力大增，似乎是在一夜之間突飛猛進。預知能力也增強了，比起以前，解讀訊息更迅速更深入，有時候心中會自動浮現一堆預言，也不清楚是怎麼回事。

我想，或許是接受靈啟之後，頻道的頻率更準確吧。

不過，最奇怪的是，我無法預知自己的未來。也許，我還不被允許知道自己太多的未來。

這樣的安排也很好。

只想按照自己的靈性進化腳步前進，繼續獨力完成這場馬拉松，也想一路欣賞沿路的美景。太多對未來的臆測，對我而言，反而是種干擾。

只想回到心的原點，活在一種純粹的簡單之中。

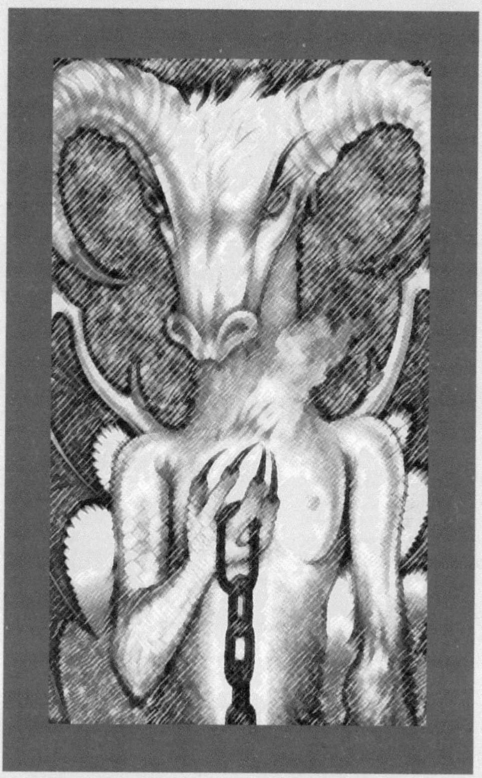

第八章

惡魔

THE DEVIL

愛情拖著痛苦的尾巴，
一列長長的靜止的荊棘跟隨在後，
我們閉上眼睛，這樣便沒有事物，
沒有創傷能將我們分開。

這哭泣不是你眼睛的錯：
你的手並未將那把劍扎入：
你的腳也未尋覓這條路：
陰暗的蜂蜜自己找到了你。

憂傷掉入另一張更甜美的臉龐，
於是在這亮光綻放的季節，
受傷的春日聖化、淨化了。

——聶魯達《一百首愛的十四行詩》

後來，真正認識丹尼斯特異的人格特質時，已經為時已晚。

我們的愛情已經是身上的一顆毒瘤，空氣裡瀰漫著腐敗發霉的氣味。我們之間的關係，已經腐爛得剩下一具空骷髏，瞪大眼睛向我們嘲笑昔日戀情的狂熱。

夜晚的T大校園，陰影幢幢，彼此看不見對方的存在。在某個陰暗的角落裡有人正在熱烈擁吻，很可能有人在威脅嚇阻，狂愛，恐嚇與暴力，在愛情中都可能上場。濃濃的樹蔭和黯淡的月光阻隔了校警的視線，每一個陰暗的角落裡都充滿了故事，愛情的情節永遠持續上演著煽情的鬧劇與浪漫悲喜劇，充滿無限的想像。

幸福的愛情都是同一個模式，而悲傷的愛情則有各種不同的故事情節。

經過一次又一次激烈的鬧劇之後，我累了，而丹尼斯卻還想繼續上演這場愛情戲碼。女主角想下台，男主角還抱著女主角依依不捨，想要繼續纏綿的愛情連續劇。只不過，這次我真的想要下台，還原本然的自我。

丹尼斯和我在文學院水池邊進行最後的談判。

他裝出一副威嚇的姿態和口氣。

「妳聽懂了嗎?我不想分手，永遠都不想!知道嗎?」他穿著一身黑色的夾克，上面印著誇張的英文字母，炫耀著醫學系輝煌的頭銜。他惡狠很地瞪著我。

「我們這樣不是很好嗎？我們不是很相愛嗎？妳到底有什麼不滿足？」

我想，他永遠不懂我。這是最根本的原因，而最悲哀的是，他永遠也聽不懂我想要傳達的訊息。

他把我逼到水池邊坐下。旁邊是一棵瘦骨嶙峋的樹，昏黃的燈光裡，他的臉龐顯得更加瘦削，像是一把鋒利的刀。

「丹尼斯，你聽我說，我們差異性太大，真的不適合。你可以找到更好更適合你的對象，懂嗎？你還是放我走，好嗎？求求你！」我向他苦苦哀求。

「薩賓娜，我愛的只有妳，我不能沒有妳，我不會放妳走的！」

「兩個不適合的人在一起，絕對不會幸福的！」

「不！我只要妳！」丹尼斯的眼睛瞪得很大。

「你理性一點，我們真的不適合，難道你看不出來嗎？」我繼續想說服他。

「我們不是很快樂嗎？我不是每天都在陪妳嗎？」

「我不要這樣的愛情，我會窒息死的，你懂嗎？我要的是自由！」

「自由？我沒有給妳自由？我要妳陪我呀！我們不是很甜蜜嗎？」很顯然，丹尼斯還是不懂我的話。

「丹尼斯，我不是不喜歡你，只是我們真的不適合。」

「妳知道有多少女生很羨慕妳嗎？再說，我要的東西沒有得不到的！」丹尼斯怒吼著。
「我不是物品！再說，你也可以找另一個真正適合你的芭比娃娃！」我也很憤怒。
「薩賓娜，妳簡直不識好歹！」丹尼斯被我激怒了。
「丹尼斯，你讓我走吧！這樣，對彼此都好！」我不想再退縮，這次，我不再害怕，想要繼續說出自己真正的想法。
丹尼斯的憤怒快要達到頂點了，我還是不想退讓。
似乎有另一個我在遠遠旁觀這場鬧劇。一個我，極端恐懼，另一個我，卻出乎意料地冷靜。
他抓起我的手放在池邊，一邊往後拉住我的長髮威脅我：「妳再說呀，再說呀，我不會這麼輕易放過妳的，薩賓娜！」我的頭髮好痛。
「妳再說一次，我就把妳的頭浸在水裡，讓妳嚐嚐溺斃的滋味！」他在我耳邊詛咒著。
丹尼斯青筋直冒，似乎已經快喪失理智。
另一個我，冷眼旁觀。
我滴下眼淚，不明白他為什麼要這樣對我？
現在大概是晚上十點多鐘，並不算太晚，可是校警人在哪裡？為什麼沒辦法來救我？
有不少人還在校園中走動，可是為什麼都沒注意到我們呢？難道他們以為我們正在談情說愛嗎？

我快死了呀，為什麼沒有人看見我？

我想大喊，可是身體已經被丹尼斯牢牢抓住。大喊可能會讓他獸性大發，腦筋裡一片茫然，只閃過這個念頭。

這一刻突然轉為一種黑白電影的停格動作，一切都顯得很荒謬，很超現實的味道。枯樹，溺斃的長髮女孩，浮起的頭顱，慘澹的月光，這一切迅速在我腦海中閃過，似乎頗有後現代舞台劇的氣氛。只是，現在要死的是我，是我呀。

我突然很想大笑，也許因為太緊張太恐懼了，腦中突然閃過自己供奉的那尊慈眉善目的菩薩：「觀音菩薩，救我！」我只能向祂祈求了。

我不斷地默唸，默唸，全身的念力都集中在這一個意念上，牙齒也開始打顫，身體也無法停止地抖索著。

我不想就這樣死了呀。

不知道僵持了多久，好像一個世紀那麼久。我的心臟撲撲直跳，整個人好像快要虛脫，差點直接撲倒水池一樣。只覺得每一瞬間都過得好慢，每一秒都會螫人似的。

我一直唸著，一直唸著觀音。

似乎看到一道白色光芒，從天際降臨，我知道那是觀音菩薩慈愛的能量。胸前教皇送我的水晶墜子，此時也發出燦爛的光芒。這些光芒團團把我圍住，我似乎被一個超大的光芒能量氣泡所保護著。

不過，我想丹尼斯應該完全感受不到這些能量與光芒，因為我們存在於不同的心靈層次。

不知道為什麼，丹尼斯兇狠的眼神漸漸轉為緩和。他慢慢鬆手，不再緊緊抓住我的手和頭髮，轉而哀求：「薩賓娜，不要離開我！」

他的眼淚滑過臉龐。

這一剎那，看到的是丹尼斯的軟弱與哀傷。

這是第一次看到他的眼淚，只是，我很冷靜。

「我已經說過幾百遍了，我們之間已經結束了。丹尼斯，我們永遠都不可能在一起的！」

這幾年來，我已經完全厭惡彼此之間的共虐形式。唐寧說得對，也許是我自己容忍他的虐待方式，他才變本加厲。換句話說，也許是自己潛意識裡的「受虐因子」向外找尋這樣的施虐者。這並非愛情，只不過藉著彼此舔噬傷口來證明有愛的能力。

丹尼斯的眼淚也觸動了我的每一根神經。可是，我堅決告訴自己，絕對不能在這個時刻心軟。

丹尼斯似乎停止哭泣，他終於放棄了，完完全全棄械投降。在長期的拉鋸戰之後，他終於感受到我堅決的心。

他擦掉眼淚，轉身離開，頭也不回，黑色的身影消失於無盡的黑夜之中。

簡直不敢相信這是真的。

我趕緊站起來，想要跑回女生宿舍，卻發現雙腳已經因為過度緊張驚嚇而無法走動。過了幾分鐘，才大夢初醒，狂奔回宿舍。

這段路程很近，卻遙遠地如漫步浩瀚星河。我好害怕走不回去，真的很怕丹尼斯又突然改變主意，回頭糾纏不清。

天啊，這真的是有生以來最漫長的一段路！

終於，安然跑回宿舍大門前。跨進大門的一剎那，彷彿像是越過生死門一般，我靠著大門旁邊喘息著，淚流滿面。

我不懂，為什麼我們之間會演變成今天這樣的局面？

為什麼一開始那麼甜美的愛情會腐化成這麼令人難以忍受的痛苦？

為什麼我必須要獨自面對他的殘暴和威脅？明明是甜蜜的一段感情，竟然會變成今天的殺戮與摧殘？

真的不懂是哪個指令輸入錯誤。如果可以的話，這場愛情遊戲的設定可以擅自刪改嗎？

我痛恨主導這場殺戮遊戲的門主，似乎可以聽到他的冷笑，觀看兩個原本相愛的戀人拿刀相向，威脅對方，以痛苦證明愛的存在。

這種遊戲未免太廉價了，太肥皂劇了。想要永遠退出這場莫名被操控和被脅迫的遊戲。我們彷彿是兩隻可笑的蟑螂，遊戲一結束，便被啪啦一掌打死。

什麼時候我可以永脫離這種夢魘？

躲到女生宿舍的大門後，開始嚶嚶地哭泣。

我只是個大學女生，實在無法負荷那種獨自面對沉重命運壓力的孤獨感，這會讓我徹底絕望粉碎。

慢慢地走進宿舍，推開房門，室友們已經熟睡了。擦了擦眼淚，久久凝視鏡中的自己。鏡中的自己，表情木然，眼睛紅腫，難道大學生活就這麼毀了嗎？

爬上床鋪上層，拉上床被，開始像人魚一樣流著無聲的眼淚。

隔天早上，八點鐘該上菊池老師的「日文語言學名著選讀」，可是我根本無心上課，只想一個人靜一靜。

我沿著樓梯往上走，躲到女生宿舍頂樓。

一個人心快死的時候，只想要好好躲在世界孤單的角落裡，一個人悲傷，像垂死的狗四處尋覓牠的葬身之地。

女生宿舍四樓頂是灰色的水泥地，放眼望去，可以看到蓊鬱的人行道旁的椰子樹和隔壁的理工大樓屋頂。往下俯瞰是個小花園，隔絕了塵市繁囂。

待在這裡，有種回到母親子宮的感覺。

天空灰濛濛的，低沉的色調撫慰受傷的靈魂，遠方飄來不知名的樹木清香，嗡嗡作響的車輛喇叭聲，不斷湧進耳朵之中。我佇立在灰色穹蒼之下，彷彿被灰色的羊水輕輕包圍呵護，可以靜靜感受到一種空氣中的慈悲。

為什麼是我？我該怎麼辦？

默默問著空氣中看不見的靈體，那是彷彿母親般呵護我的守護靈。胸前的水晶墜子也閃爍微弱光芒。

雖然聽不到答案，卻有種被安慰的感覺。我知道祂聽到了，在我身邊輕輕撫摸我的臉，陪著我一起掉淚。

看不到邊際，茫茫然，抓不住可以支撐的支點，也不知何去何從。只有快溺斃的感覺，完全的窒息。

為什麼這齣鬧劇要不斷重複上演？

真的只想要一直待在頂樓就好。不用再面對樓下的那個沉重的世界，像「海上鋼琴師」

裡的男主角一樣，終生待在船上。他只熟悉船上的世界，他只熟悉船上的所有，習慣用音樂奏出船上世界的喜怒哀樂。地面上的世界對他而言太沉重了，他無法負擔那種糾雜和重量，也無法奏出陸地上的音樂。

最後，他選擇永遠不上岸，和船身一起永遠消失。他無法承受生命中不可承受之重。

這是一個很悲哀的故事，可是我完全可以體會那種對外在世界的絕望。就像現在，如果我可以選擇的話，我也不想碰觸外面的那個殘酷異境，已經沉重地超過我的負荷。那是一個充滿夢魘恐懼的慾望陷阱。

如果我真的屬於靈階高度進化的那一族群，那可不可以永遠留在那個靈波清明的異次元空間？不想再來這個塵世，真的好辛苦！

我難以接受這種感情的折磨，心靈波動完全大亂，難以平復。悲傷的頻率震動著每一處脈輪，已經被灰黑色的氣場所籠罩。只剩下胸前的水晶墜子，疲倦地閃爍，一點生氣已經殘弱如豆。

想到母親。

我知道這陣子母親和俊輝叔叔處得不錯，我不想打攪他們。

畢竟，我可以瞭解她在獨居這麼多年之後，也想擁有自己的男人和生活空間。只是，我的命運輸入了這麼荒謬無解的程式，簡直是完全束手無策。如果媽知道丹尼斯的舉動的話，她不知會作何感想。難道，她會報警處理，把丹尼斯關進牢裡？

真的不知道。

只知道自己無法忍受媽的淚水，我會崩潰的。她一向以讀T大的我為榮，我怎能讓她丟臉？基於可笑的自尊心，我堅持不想讓她知道這些事。我不願意讓她看到我這麼落魄失魂的模樣，真的太丟臉了。這簡直是向全世界宣布自己在愛情的戰場上是個可笑的失敗者。

感覺守護靈無形的手，似乎輕輕地撫摸我的臉，又滴下了眼淚。活著，怎麼這麼痛苦？我才二十三歲而已。面對未來，真的不知道該怎麼走下去。

真的，如果可以的話，我願意選擇和這個頂樓一起沉下去，不再有任何恐懼和擔憂。在傾沉的船上，反倒可以擁有自己的日出日落，一種絕對安靜的幸福。

眼前浮起和媽媽一起在東京生活的童年片段。媽看著我，溫暖而充滿愛的眼神，她的孤單，她的眼淚與她的掙扎。我，淚流滿面。

儘管這個世界完全背叛我，我還是要為了媽活下去。

夕陽的餘暉漸漸染上灰色的水泥地。

我望著天際的夕陽，遠方已經是黃紫色的晚霞片片，風吹得格外強勁，把瑰麗的雲霞吹得游絲斷腸。終究，我還是必須面對下面那一片吞噬人的島嶼，我選擇走下樓去。

我和丹尼斯之間就算結束了嗎？有時，我還會問自己。這就是我們感情的終點。最近幾天，我很害怕丹尼斯又跑回來找我。還好，他彷彿人間蒸發，悄然無蹤，久久沒有他的消息。

我很擔心，不知道他是否會繼續糾纏。不過，也許經過上次文學院水池旁的談判，丹尼斯就真的死心了。他應該會瞭解我求去的意志堅決，已經無法挽回。

從大一到大三下，整整花了將近三年的時間才和他分手。過程中，經歷種種的談判與挽回，我已經覺得很疲累了。我們之間的愛情能量早已經被不斷的爭吵與嫉妒耗損光了，只剩下淨值零，而且不斷往負面的方向走去。

該是劃下句點的時候了，畢竟青春不應該這樣被白白浪費掉。

開始整理丹尼斯借我的書和東西，捆成一紙箱，要找時間寄到男生宿舍還他。當然，還有抽屜中，淡藍色盒子裡那枚昂貴的八爪Tiffany鑽戒。

「薩賓娜，記得常打電話回家啊，放假就回來嘛。」阿姨傳簡訊給我，我趕緊打手機給她。

「最近店裡生意好嗎？」

「還可以啦。最近麵包花的飾品賣得還不錯，什麼時候來店裡喝花茶？我準備了妳最愛喝的迷迭香。」

「我會來的。」

「妳最近要準備考試嗎？」

「剛考完期中考而已，很輕鬆。」

「一定要來喔，我正準備在店旁邊種一排薰衣草。對了，可以找妳植物系的朋友安琪拉一起來幫忙嗎？」

「沒問題，包在我身上。」

就喜歡這種淡淡的溫暖，像是剛出爐麵包的餘溫。有時候，覺得自己和以前熟悉的環境，那種充滿光暈溫暖的環境，似乎離得越來越遠，恍如隔世。不知遠在日本的媽媽，可知道我深陷地獄的感覺嗎？

不過，該面對的還是得面對。這個世界還是有下一個渡口在等著我，呼喚著我。我需要的是走下去的支撐力而已。我下定決心，要靠著自己的意志力，汲取溫暖的能量，一點一滴地復甦。

我把小紙箱貼上丹尼斯的宿舍住址和電話，到校園裡的郵局寄送出去。

與丹尼斯分手後，已經有一個月了。

日子過得很快，我的日常軌道中，再也看不到他的蹤影。

真的完全沒聯絡，彼此斷了所有的音訊，沒有e-mail，沒有手機，也沒有MSN。我們的戀情就好像海市蜃樓，彷彿不曾存在過。我懷疑，這兩三年是否是一場自編自導的夢境？

我把丹尼斯送我的生日禮物也一併送還，那是一隻可愛的斯華洛世奇水晶泰迪熊。其實，真的很捨不得，為了表示決心，還是硬下心一併寄還。室友還笑我傻，不拿白不拿，何必爭這口氣。

只是，我的個性就是屬於乾淨俐落那型，不喜歡拖泥帶水，一旦決定分手，就沒有轉圜的餘地，連當普通朋友的機會都沒有。

室友說我絕情。但是，我實在討厭分手後還拖拖拉拉，存在太多的曖昧空間，那又何必談分手呢？那其實是自欺欺人吧？

話雖如此，當平日的桎梏突然消失時，有太多的自由，反而心生恐慌。比如說，已經習慣綁手綁腳，拆下這些束縛後，卻發覺不知道該怎麼走路了。難道，潛意識裡我還是想念他對我的束縛嗎？束縛是一種愛的鎖鍊，還是一種愛的標記呢？「因為我愛你」，這句話是一切行動合理化的擋箭牌？

我不知道。

只是覺得突然放空之後，似乎很不習慣星空般浩瀚的自由。彷彿彼此之間的鎖鍊不見了，桎梏消失了，現在彷彿穿著一件太過鬆垮的大布袋裝，鬆軟邋遢，過於舒服，反而讓我坐立難安。

跟「挪威森林」的老闆請假三天，打算獨自到阿里山放逐幾天。

為什麼選阿里山呢？因為太遠的地方去不了，太近的地方又沒流浪的感覺。再說，七月一日至三日是難得的好時段，非週末假日，很多考生又忙著大學指考，這種時候應該是人煙稀少的時段才對。

收拾簡單的行李，換上方便的牛仔裝，帶幾本書。有唐寧推薦必看的《容格心靈地圖》和《達賴生死書》，小傻瓜相機和塔羅牌，便輕鬆地上路。

很喜歡這種和自己旅行的感覺。

也許是從小獨來獨往慣了，我喜歡在旅行時閱讀，眺望窗外景色，反而不習慣與旁邊的人聊天。靜靜融入大自然，凝視內心，閱讀發人深省的書籍，反而更能徹底放鬆。

在嘉義搭上山小火車，覺得有點興奮。彷彿登上森林裡的童話列車，緩緩駛向森林深處。而軌道的那一端，就是奇幻故事的開始，也好像要進入夢幻森林，與龍貓不期而遇的一幕。

山嵐氣息吹入胸臆，覺得從來沒有這麼清爽過，一切的煩惱黏渣都隨風而逝，靈魂的脈輪也輕輕打開，隨著大自然的韻律呼吸。

真的好喜歡沉浸在大自然之母的感覺。

赭紅色的小火車嘟嘟地喘著氣，緩緩爬上有點陡峭的斜坡。車上的乘客不多，還有兩個外國人。車廂裡有小小的騷動，大家看到窗外滿滿的奇幻綠意，都笑開了，外國朋友們更是驚嘆連連。

窗外的風景看累了，便拿出書，在小火車的搖晃中閒適地讀著。

從山下到山上，大約四小時的車程。在蜿蜒的山路上，一路經過幾個不同的氣候帶，植物的種類也隨之不同，還繞過新神木旁邊。

手上的書也被濃厚樹影染得一片綠意。一邊看窗外風景，一邊思考書中的主題，覺得無比暢快。

到底有多久，不曾如此開心過了？想到與丹尼斯的糾纏，已經快耗費掉自己大學時期最精華的幾年，便不禁深深懊悔。可是，畢竟已經盡力了。至少，我現在可以掌控自己的一切，這種失而復得的自由讓我深深感謝。在經歷這一切驚濤駭浪之後，真的只想要好好睡個大覺，重新回歸自己靜謐的內在。

到了傍晚五點多，小火車已經到了阿里山區。

出了車站，慢慢在旅館區散步，尋找比較平價的旅館投宿。我找到一家看起來比較中價位的旅館，便先待一晚。

山區的旅館沒有讓人太驚豔的期待，多半擺設中規中矩，感覺有點陳舊。我換上牛仔短褲，推開窗戶，迎向滿山的山嵐清風。充滿芬多精的氣息，真的好舒服哪！雖然房間內部不大，可是推開窗戶，就是值回票價的山嵐美景。

泡上一杯隨身咖啡，坐在窗戶旁發呆。

沉睡的森林之中，是否也有不可告人的祕密，隱藏難以啟齒的過去？

突然想到日劇《沉睡森林》的故事。

在每個平常的事物背後，往往暗藏著不為人知的祕密，往往令人意外。我們每個人心中都有座沉睡森林，潛意識中蘊藏著陰暗豐富的寶藏。不過，我們多半都沉睡著，不知道要如何喚醒自己豐富的內在。我們遠比我們想像的還更大，唐寧這麼告訴我。

「喚醒自我」，這個詞彙包含相當豐富的哲學意涵。自我到底是什麼？是社會環境所塑造、認同的角色，還是自己眼中的自己？抑或是別人眼中的自己？我們自己對自己的認定，往往也是從別人的眼中去觀看自己，去評定自己。真正的自我，應該是赤裸裸的，是沒有受到社會價值扭曲的直心。

或者，更深入一點，更深層的自我核心，應該是佛教的意識學理論中所提到的阿賴耶識（Alaya）。

在佛教理論中，我們人的日常生活中是屬於第六意識，更深一層是第七意識，而第八意識也就是阿賴耶識，含藏轉世的一切種子，好比意識心的總庫藏，從最粗淺到最微細的意識種子，通通都被收攝在阿賴耶識之中。我們所做過的一切，都留藏在自己最深層的阿賴耶識中。

瞭解阿賴耶識的道理之後，我才恍然大悟。

為何我看到世平，會有很熟悉親切的感覺。而自己與丹尼斯之間的愛恨糾葛，這些都是有跡象可尋。在阿賴耶識中，每一次轉世的情節都被收攝在這個黑盒子中。我們並非全然忘懷，與某人重逢，或者重遊舊地，似曾相識之感也會油然而生。

望著窗外的雲影徘徊，在這個世界安靜的角落裡，覺得有種快哭出來的衝動。

一切都會過去的，不論好的，還是壞的，這一切都是留不住的。

只是，走過的，已經在心中留下痕跡，永不磨滅。這一世，初戀就是一種難以忘懷的印記，這種經驗也被視為特別的心靈戳記。在學會這個感情的功課之後，我會對感情格外謹慎，體認真愛的內涵。而且對同樣有感情困擾的人，也會有同理心，格外想要伸出援手，激發自己的慈悲心。

也許這就是丹尼斯帶給我的功課。希望我已經低分通過，不要再重修這個課題。

我覺得世平好像是我的白天使，而丹尼斯就是黑天使，帶來不同的靈修課題，引導自己對感情與生命做深度的思考。此刻，我對他們都懷著不同的感激。

又喝了一口咖啡。我覺得流連山上的生活，放鬆的效果也不比在陌生國度旅行差。大概是心境的轉換吧，我靜下來的時候，全世界也跟著靜下來，可以慢慢從容在心中找到適合的位置，回歸恰當的位子，一切都是那麼安適灑脫，像窗外的雲，悠然自在，有自己的方向。

愛像天空，而每一朵雲，都有不同的形式。愛只屬於它自己，只取悅它自己。

披上一件薄外套，打算到附近逛逛。

走下原木的樓梯，穿過有巨石原木雕刻裝飾的大廳，我走出旅館外。用輕鬆的步伐走向坡道，慢慢爬上更高更遠的山坡。樹林的山風徐徐吹來，感受到這邊的磁場有種振奮人心的力量，我緩緩地深呼吸。

站在山坡上，右邊是一片旅館區，在舊旅館旁也有不少增建的新旅館。更遠的一邊，是遊客穿梭的步道。

跟著三兩遊客，循著步道指標，慢慢走進森林園區。

喜歡在綠森林中漫遊。亮晃的陽光灑落下來，彷彿幽暗中見浮光的海底景象，我就像海底的魚隻，吞吐著宇宙溫暖的能量，在巨大的夢中幽遊著。

遊客很少，遇到彎道和坡道後，我和他們的距離便漸漸拉開。

整座森林似乎只屬於我一個人。

彎下腰，摘了一朵不知名的紫色小花。這片森林讓我想起夢中京都的山坡，也是有同樣的靜謐與夢幻的感覺。

緩緩走著，不想再多想什麼，只想把自己的腦袋放空，讓自己在芬多精的磁場中充飽能量。

雖然是慢走，過了一個小時之後，還是渾身微微出汗。我也拿起相機拍一些奇怪有趣的植物，打算回去再問安琪拉，她一定很興奮。

繞了一小圈之後，再循著原路走回旅館區。在途中，也順道繞到商店街區去逛逛。商店區中，大概是一些常見的商店小舖，阿里山的明信片是少不了的。當然，阿里山的春茶也是一定得品嚐。

選了一間茶行，走進去逛逛。店家是一個六十幾歲的伯伯，身材高瘦，年輕時面容一定頗為俊俏。當他站起來拿茶罐的時候，我才發覺他的右腳有些微跛。

他很親切，跟我聊了阿里山的種種。他從小在山上長大，非常眷戀山上的生活。後來，就在山上的林務局做事，一直到退休。可以說，一生都是待在山裡。後來，兒女都長大下山了，走入山下的繁華生活。但是，他笑笑說，他一點也不喜歡城市，他是隻山猴，喜歡自由自在。

他跟我聊得越來越起勁，還跟我說他是阿里山日出明信片的創始者。年輕時，很喜歡拿著相機東拍西拍，把最喜歡的景象拍攝成明信片。後來大賣之後，很多人就一窩蜂跟進了。他還興致勃勃地進去裡面拿老照片給我看。

黑白照片中，是一個年輕爸爸和小女孩站在山坡道上。

他說那是他的大女兒；「我女兒會走山路，健步如飛喲！」他送我日出的明信片，也很有耐心，指著上面的地標，一一向我解說。

可以感受他兒女離巢後的寂寥。或許，他覺得我的年紀與她女兒相仿吧，才這麼喜歡和我聊天。他又一拐一拐地走到裡面，拿出一台舊手風琴。

「我彈首歌給妳聽！」老伯伯靈活地彈奏起一首日本老歌，哼唱了起來。我拍著手，外面有一兩個遊客也圍過來湊熱鬧。

「太棒了！再來一首！」大家一起起鬨。

老伯伯真的很可愛。感覺在某一世，他也曾經與我在日本認識呢。

夕陽西下，趕緊回到旅館。把茶罐子放進背包，外面竟然淅瀝下起雨。

入夜之後，山區的溫度降得很快，趕緊換上毛衣看新聞報導。吃完剛買來的餛飩麵，便沖一下澡，賴在床上看書。大概是白天運動量夠大，不知不覺中便睡著了。

作了個奇異的夢。

在夢中，我看到隔壁的旅館以前是座日本的木造平房建築，有挑高的屋樑，有五六個日本人正圍著柴火，唱誦著聽不懂的咒語或者像是遠古的歌曲。我知道那是日本古語，雖然聽不懂內容。

早上醒來之後，我依照慣例拿出隨身筆記本記錄夢境。可是，不由得好奇，隔壁到底是什麼樣的旅館，深藏什麼樣的故事？

走到隔壁的旅館，想一探究竟。

那間旅館已經改裝成現代的洋式建築，全部都是木頭材質。我走進去，跟櫃台小姐假裝說要住宿，先看一下房間。她給我206的鑰匙，我便走上樓梯。

推開206的房門，裝潢是簡單的日式榻榻米。只是，覺得很怪異，這裡的磁場很奇怪，彷彿有什麼東西在監視著我的一舉一動。覺得很不安，還是趕緊下樓。

退回鑰匙之後，便走回原來投宿的旅館。

真的覺得有點怪怪的，卻又說不上來。也許真的在日據時代，那座旅館曾經有出現過夢中的情節，只是現在無從考證。

山區繼續下著滂沱大雨，只好待在旅館內繼續看書。我打算隔天早上再去看日出，後天再下山。

手機裡有世平的簡訊，簡單的問候。我簡單回傳：「在阿里山上，nice」。心中有淡淡的溫暖。雖然沒有丹尼斯，還有世平會關心我。

他總是在不經意時，給我看似平常卻纏綿的深情一瞥。

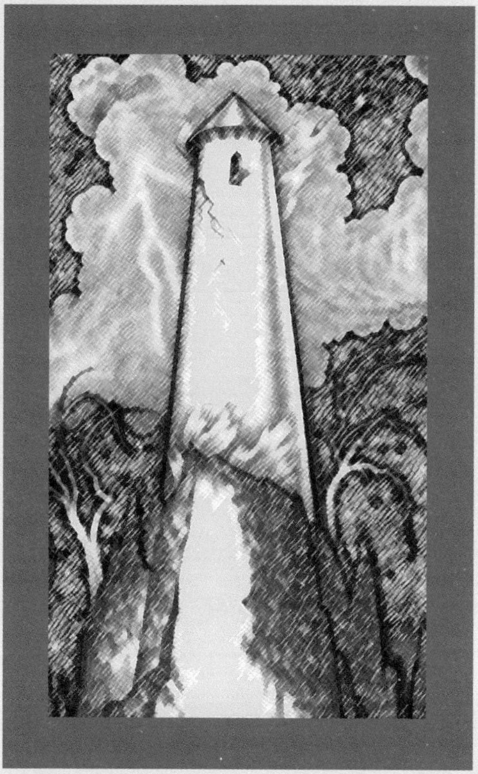

……… 第九章 ………

高塔

THE TOWER

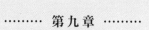

在我們憂患的一生，愛只不過是
高過其他浪花的一道浪花，
但一旦死亡前來敲我們的門，那時
就只有你的目光將空隙填滿，
只有你的清澄將虛無抵退，
只有你的愛，把陰影擋住。

——聶魯達《一百首愛的十四行詩》

六月中旬，期待已久的畢業典禮終於來臨了。

記得在大一下時，第一次看到校園中的畢業典禮。穿著黑色學士服的畢業生穿梭在校園中，充滿驕傲神情的家長們擠滿椰林大道。

那時，才剛是大一新鮮人，看到這種場景，反而觸景傷情。彷彿可以預見四年後的我，也要面臨揮別黃金歲月的階段，於是悲從中來，邊走邊掉淚。

那時，剛認識丹尼斯不久。丹尼斯還牽著我的手，笑我是林黛玉強說愁，別人畢業，哭個什麼勁。可是，他哪裡懂得我的惶恐不安。

一切都那麼平順完美的時候，反而讓人會有患得患失的恐懼。

那時剛唸T大日語系一年級的我，與丹尼斯青澀酸甜的初戀正在進展之中，一切都是那麼美好，美好得令人心驚膽跳。

而一切的美好，是那麼脆弱，也終將落幕。大學時期再怎麼美好，青春再怎麼美麗，一切將逐漸走向終點。

我們也一步一步，從年輕邁向中年，衰老，乃至死亡。這個「成住壞空」的過程，就像是逃不掉的詛咒，在耳邊不斷絮語聒噪，讓生命的華麗也有掩不住的淒涼。

我和丹尼斯走近校園另一側的小門，感傷還是滿漲。

這種心中預見未來死亡紀事的惆悵與焦慮，是別人無法瞭解的，一切只能獨自領受。

因為自己知道，四年後我也終將畢業，我和丹尼斯也必然分手。站在起點，已經望見了終點，一切是那麼透明與真實，彷彿在透明螢幕前，瀏覽自己的未來命運一般，有無比的感傷。

現在，真的輪到我畢業了。只是，身邊已經沒有丹尼斯相伴。

早在四月就打電話給日本的媽媽，在台南安平的爸爸和弟弟也答應會前來參加典禮。其實，我心裡頗為忐忑不安。在畢業典禮中，讓多年不見的家人重逢，這意外的插曲對大家來說，是不是會顯得太尷尬？

爸媽離異多年，已經像是分枝的樹苗，各自朝著不同的方向攀延成長。此刻，也無須頻頻回首來時路，這些已然毫無意義。

不過，他們在我的生命中都扮演很重要的角色。畢業典禮就像是遲來的成年禮，在這個寶貴的時刻宣告自己成熟，揮別過往，劃下一道鮮明的分水嶺。畢業典禮，不僅對自己意義重大，對家人而言，也是一個意義深長的家族聚會，都會在每個人的記憶中深深烙印。

畢業典禮是六月十五日。前兩天，媽就已經從東京飛來台灣，住在阿姨那裡。前一晚，她便提早住在T大附近的旅館。我們一起逛公館附近的小店，吃吃喝喝，驅走許久不見的陌生感。

母親最近瘦多了，精神倒是還很爽朗。她很關心自己未來的走向，還擔心交友狀況。

「清子，沒有合適的男朋友嗎？還是我介紹幾位日僑給妳認識。」

「媽，不急啦。我還想多唸一點書，還想到處多看看。妳真的恨不得把我趕走啊？」我故意開媽玩笑。

「傻丫頭！趁現在認識的學長比較多，可以多做選擇。不然以後工作，忙著唸書，學歷越念越高，反而找不到適合的對象。」媽是一片苦口婆心。

「結婚又不是女人唯一的路，媽，妳也知道嘛。結婚不幸福，不是更慘？」媽聽到我的回話便安靜了，閉嘴不語。

我覺得我說溜嘴了。

坐在梳妝枱前，化上一點淡妝。媽也換上她不常穿的藍色套裝，戴上一串珍珠項鍊。在旅館睡的前天晚上，我們聊了許久，大概一點多才入睡。

隔天清早，換上黑色畢業服，和媽緩步走出旅館，叫了一輛計程車。

本來昨天天氣晴朗，今天卻剎時變成陰暗小雨，灰暗的天空彷彿像是達利畫中的暗調底色，讓人心情不由得鬱悶起來。

走進T大校門，外面已經擠滿了賣花和氣球的小販，穿著整齊、刻意打扮的家長們，和一身黑袍的畢業生們穿梭不停。雨勢漸漸變大，大家必須趕緊撐傘躲雨，顯得有點掃興。

豆大的雨滴讓原本氣昂昂的畢業生們抱頭鼠竄，原先計畫中的繞校園路線也臨時取消。大家只好散落在校園內照相，只剩下幾組畢業生代表在體育館內參加制式典禮。頓時，整個校園因為雨勢過大，大家躲雨，而顯得空蕩冷清。

手機響起，是遠從台南來的爸爸和弟弟。

我和媽媽相約在傅鐘前等他們。

等了許久，終於看到爸爸和弟弟的身影。爸爸今天還穿上正式的灰色西裝，當他看到媽時，眼神一陣輕顫，可是沉默不語。

現在他們已經是距離遙遠，毫無關係的陌生人。

弟弟開始幫我照相，十年後一起拍照卻是如此尷尬。彷彿，每個人都刻意避開傷口，戴上強顏歡笑的面具。

這是一場很制式的畢業典禮，大家按著既定的章程行事。

我感覺媽媽的眼神中有欣慰，也有傷感。她倒是對爸爸沒有太大的情緒反應。一切的愛恨情仇，早已經燃燒殆盡，只剩死灰。現在，早就沒有任何波濤洶湧，一切都是表面平靜。

媽媽一向很冷靜，我心知肚明。

繼續在校園內取景拍照，雨勢越來越大，索性躲到學生活動中心裡。

在活動中心，遇到學妹海倫。她滿臉笑意，送我一束海芋：「學姊，祝妳鵬程萬里！」瘦削的臉龐浮上誠摯的微笑。我知道學妹這陣子似乎情況不太好，可是因為忙著畢業，瑣事一大堆，實在也抽不出空找她聊天。

「海倫，改天找妳喝咖啡聊聊天！」學妹笑了笑，神情顯得很疲憊。

後來，我也收到學姊詩欣的簡訊：「畢業快樂！神準小女巫！我現在任職J航空，改天吃飯。欣。」

學姊真的如同塔羅牌的預言，通過激烈的考試，順利當上空姐了。真的很替她高興。

想起大一時，目睹畢業典禮而感傷落淚，真正輪到自己的時候，卻毫無傷懷之感，反而想要快點把儀式撐完，好痛快地下臺一鞠躬。

丹尼斯已經走出我的生命，感情灼傷的痛感已經漸漸沉入心靈底層，可是我知道那種痛還是在的。

一旦被炙烈的愛情紋身過，一輩子就很難再遺忘。愛情的苦，是一種求不得苦。錯誤的愛因為愚昧而痛苦，真實的愛因為缺乏勇氣而錯過。只是，這一切已經再也難以回頭了。

走過校園，彷彿看到我和丹尼斯牽手逛校園的身影歷歷在目，這幾年消磨的青春已經悄悄隨風而逝。

現在，感情已經是深藏在心底的死亡紀事本，不會再輕易翻開。我害怕又會從另一段感情的開端，預見即將到來的死亡。

我必須依照塔羅牌的靈修預言嗎？真的必須經歷這一連串的大阿爾克那的心靈演化，變成一個傳接天啟的女祭司？為什麼一定得接受一百零八階的靈性修練？修練課程結束後，到底會轉化成什麼狀況？

內心有點不安。

對於不可知的神祕宇宙，真的很惶恐。說實在的，這些生命中的奇遇並非在自己的掌控之中，我只能以每天的修練安定自己，讓自己的心靈逐漸提升層次。

塔羅牌已經變成心靈的一部份，我已經接受過靈性密碼五和七的靈啟訓練。有時，可以看到過去，也可以看到未來，但是對於自己的這種靈啟能力有一種不安與矛盾。到底，我會有怎樣奇特的未來？

只希望能夠過一般人的生活，擁有平凡的愛情與幸福。可是，不知為何，我總覺得這個平凡的心願會落空。

雨勢越來越大，我們在活動中心裡待了快到中午，便到一樓的餐廳一起用餐。

已經這麼多年了，未曾全家一起用餐。現在，大家圍坐在一起，反而感覺奇怪。以前的家庭拼圖和現在的影像重疊在一起，眼前卻已經沒有家人之間的聯繫感，只剩下過去的熟悉臉孔和現在的陌生景象交織互融，格外有悲憂悵惘之感。

如果十年前，我們也可以這樣天天聚餐，爸不要酗酒不歸，是否可以改變這一切？

也許，我們還可以維持家庭的架構，擁有圓滿的家庭。只是人往往在擁有時，根本不懂珍惜，失去時才抱頭痛哭。十年前，家庭的鋼架崩毀了，是爸爸親手毀掉的，媽堅決求去，迅速簽好離婚協議等。這些後續動作，都以等加速度進行，讓所有人的命運都快速朝往另一個角度傾斜毀壞，前塵往事也瞬間成過眼雲煙。

大雨還是繼續下著。

窗戶的玻璃因為雨滴拍打而叮咚作響。

用完餐後，爸和弟弟便藉故先行離去。媽很熟悉這種曲終人散的寂寥。對於寂寞，刻印的痕跡已經深深在心底。

畢業典禮結束了，而這些家庭的成員再相聚，也不知是何年何月。

當終點來臨，瀟灑地揮一揮衣袖，再也滴不出一滴眼淚。

畢業典禮之後的生活步調比較輕鬆，距離真正出社會工作，或者想要再唸書進修之前，有一段空檔時期。在這段過渡期，漂浮著難得的休假氣氛。

這段日子裡，什麼也不願多想，只想讓自己過得輕鬆愉快，心情零負擔。我到宿舍換上一件Morgan的紫色亮點T恤和緊身牛仔褲，一身輕便地到挪威森林打工。

這是一天中最輕鬆的時刻，喜歡提前到咖啡館，先喝上一杯咖啡，洗洗牌聽聽爵士樂，沉澱一下自己的心情，然後在六點準時上工。

耳朵聆聽著Cecil Gant的Blues in L.A.，接著是Billie Holiday的Sunbonnet Blue，爵士老歌手的醇厚嗓音把空間的空氣攪拌，變成一杯香醇的卡布其諾。最喜歡靈魂有點微醺未醉的感覺，此時此刻。

已經正式揮別大學生涯，這是畢業典禮後的第二個星期天。

我繼續熟練地洗著牌，無意識地抽出三張牌，看看今天的課題。

第一張是倒吊人正牌，第二張是高塔倒牌，第三張是聖杯五倒牌。我靜下心來解讀這幾張牌義。

第二張高塔讓我有點訝異。因為到目前為止，今天似乎還平靜，並沒有很異樣的事情發生。高塔指的到底是什麼意義？高塔代表崩潰和摧毀，可能是指實際事件的突發變化，也可能是指拋開內心錯誤的想法和舊習慣模式。如果問的是感情問題的話，可能是指雙方突發意外的爭吵，倒牌的話，可能會有意外發生。

我開始有點擔心，只好先專注在煮咖啡的動作，讓眼前的一切穩定心情。

煮完咖啡後，又回到座位上，翻翻今天的報紙。

沒想到，翻到社會版時，被左下角的小標題嚇住了：「T大高材生楊女因為情關難過，飲農藥自殺」。

天啊，那不是學妹海倫嗎？仔細看內文，提到學妹可能因為感情事件而輕生，在她學校外面租的套房內喝農藥自殺。在報導文章最後，並沒有看到任何敘述提到海倫有任何生命的跡象，似乎她真的因此自殺身亡。

我放下報紙，腦筋裡頓時一片空白。

這是真的嗎？海倫為什麼這麼傻？為什麼不要找朋友找師長聊聊？感情並不是大學生活

的全部，儘管失戀是很痛苦的事，可是海倫是這麼亮眼的一顆星，為何一定要將自己綁死在一個人身上？何況，是海倫的男友先劈腿的，是他對不起她，海倫真的太想不開了。以她優異的條件，未來充滿無限的可能，為什麼要把自己逼入死巷？

我趕緊打電話給系上的大衛，確認這個消息的真實性。在手機的另一頭，大衛的聲音明顯顫抖沙啞，大家都太意外了。

這應該是開玩笑吧？我還是無法接受這個事實。

記得畢業典禮時，海倫還送我一束海芋，那時的她在人群中看起來很瘦弱，但是臉上還掛著僵硬的微笑。我很感謝海倫的這份心意，雖然我們聊得不多，剛好是同號組的學姊妹，也算是茫茫人海中一種難得的緣分。

活下去需要某個支撐點，像是翹翹板一樣的支柱，讓自己的生活晃動不已，可以感覺真實的存在，可以感覺生命的重量。

那是一種存活的理由，愛與被愛的理由，可能是心愛小狗的哀憐眼神，愛人輕輕的撫觸，某一時刻深藏在心底的記憶被瞬間打開，一束雛菊的清香，親人溫柔的關愛等等，都會成為再活下去的真實理由。

不過，真正的核心問題不是在於外在，而是內心要願意伸出某種無形的掛鉤，和外在連結在一起。或許，可以說那是一種生命之欲的鉤子，把睡醒後的世界和心靈做聯繫。不管是愛是恨，是貪婪是厭惡，都是一種真實的鉤子，把自己輕輕地掛在這個世界的某個點上，然後便可以沉默地敞開自己的生命樣貌。

海倫死了。

那是因為她把那個鉤子放下來了，連換一個鉤住的對象的慾望都消失了，只剩下鉤子空空地擺盪。

在那一瞬間，只要有某個讓她感覺復甦的意象把她的心靈牢牢地鉤住，也許她就不會去喝農藥自殺吧？很難想像，她那麼美麗的臉孔和胴體讓炙烈的巴拉松瞬間腐蝕，最後只成了潰爛的傷口和白骨。也很難想像，海倫的爸媽痛失獨生女的那種心碎的痛苦，外人很難瞭解吧？

真的不知道海倫的父母該如何度過這痛苦的一分一秒，對他們而言，這種打擊無疑是一種致命的酷刑。

記得江姊告訴過我，根據佛經的說法，人如果自殺，會在中陰身階段繼續重複七次的自殺痛苦。換句話說，他會重複一次又一次的自殺情景，感受當時的身心痛苦。江姊說，千萬不要自殺，否則很難超渡，會歷經比平常人死亡更數倍的痛苦。

我想，人的生命如此可貴，平常人都往往貪生怕死。實在很難想像，海倫會吞得下那炙烈的農藥。她真的太傻了。在她一步步邁向死亡之際，是否曾在這個過程中有一絲絲的後悔呢？難道真的不會有一絲絲的遺憾嗎？

彷彿可以感受到海倫撕裂般的痛苦，眼前浮現她在地板上因為喉嚨燒灼的劇痛而不停地翻轉扭動。從食道燒灼到胃腸，整個肚子穿透的痛苦不是一般人可以忍受的，海倫那時會想打電話求救嗎？那時候，她可曾想到親愛的爸媽？

根據報紙所載，是房東想要去察看一下熱水器的狀況，敲門沒人應，破門而入之後，才發現這副慘狀。當時，海倫就已經沒有生命跡象了。距離死亡時間已經過了好幾小時。眼淚不聽話地流下來，深感自責與懊悔。為何不多關心她一點？如果最近多找她聊一聊，也許海倫就不會走上絕路了吧？

她社團的朋友和系上同學一定和我深有同感，尤其是父母和老師們更會深切自責。可是，如果當一個人想要刻意與世隔絕，別人也很難插手。

人是隔絕的孤島，可是如果願意打開心門，去接納別人的話，也可以感受這個宇宙的大慈大悲。而感情的痛苦是一種試煉，是一種必修的功課，如果無法通過這一關的話，還是會一再轉世重修。

如果，海倫願意勇敢面對感情的挫敗，她還有大好的前程，還有機會可以好好重修這個功課。也許，她會真正地成長，在挫敗的傷口中復原成長，對感情的態度也會更成熟。但是，她不願意給自己這個機會。真的太遺憾了。

大衛問我是否要去高雄看海倫，我們約好和系上同學一起去，海倫的父母親無疑現在需要我們的安慰。不過，我真的很害怕面對那一具冰冷的屍體，真的無言以對，百感交集。

海倫放下她的生命的鉤子，不想和這個世界有任何的牽連。她走得很痛苦，她周遭的人更痛苦。她拔起這個鉤子的剎那，卻狠很撕裂了這麼多愛她的人的心。

雖然，自己的感情路很辛苦，遇到丹尼斯之後，也曾經憂鬱困頓。可是，我還是打起精神來活著。

讓自己活下去的鉤子，大概就是一種不甘心的感覺，想要知道這一切生命遭遇安排的背後理由。我想知道，生命如此繼續走下去的光景，到底是走向完全的毀滅，還是意外的救贖。想一步步印證命運的推演，然後去領悟真正的理由。

只想知道一種理由，一種活下去的藉口。丹尼斯是眼前痛苦的起始，也許也是終點。

這個想要知道真正理由的慾望，讓我繼續存活下來。睜大眼睛，注視命運的軌跡與遭遇，希望體悟最後形成的模型背後，到底有何深刻的意義。

存在主義學者佛朗克（Victor E. Frankl）曾經說過，焦慮是存在的一種價值與動力。這真的很讓我感動，也讓自己遇到挫折，絕望悲傷之時，也會燃起一點希望。

佛朗克的一生波濤起伏，尤其曾親身經歷過恐怖的納粹集中營生活。他不但沒心存怨恨，反而頓悟了人類心靈根本的力量。眼見自己的親友被毒殺，到底活下來需要什麼理由。

從集中營出來之後，他創立了意義治療理論，成為二十世紀存在主義意義治療法的大師。

我深受感動。很佩服佛朗克，用自己痛苦的生命遭遇成就更大的意義，激勵了無數的後代。覺得生命一定有其意義存在，這要靠自己探尋意義。活著，本身即充滿無限的可能。只是，海倫並沒辦法做更深刻的思考，衝動地把自己寶貴的學習機會扼殺了。這真的非常遺憾。

試想，醫院裡有這麼多病人努力想要活著，想要擁有健康的身體；非洲有許多人嗷嗷待哺，在飢餓瀕死邊緣掙扎著，這麼多人渴望著活下去，生命是多麼寶貴啊！如果一時衝動，為了一些可以再做努力的事情，想不開自殺，那是多遺憾呢！愛情是可以重來的，事業也可以重來的，而自殺卻完全終結生命，無法再來一次。

我覺得自己應該可以做些什麼。

後來，還是不敢和大衛去看海倫的屍體，因為自己覺得一定會悲痛難抑。生與死只有一線之隔，只是她選擇的方式對自己太殘酷。她那麼愛美，怎麼會把自己最鍾愛的身體傷害得體無完膚？這自虐與絕望是如何之深，才會將自己擲向痛苦的死亡深淵？

生與死都是實相的一部份，就像賽斯說的，人生只不過是自己目前知覺到的那一部份存在而已。廣義來說，我們是同時活的和死的。只不過，我們是跟著自己的旋律，而對宇宙這個更大的樂隊毫無知覺。

只是，凡人如我，還沒有修練到那麼超脫的境界，對於生，執著貪戀；對於死，深深恐懼。

為了要超渡學妹，我參加了幾場藏傳佛教的中陰文武百尊超渡大法會。我幫學妹寫上超渡牌位，希望她能藉此功德消除痛苦，能夠前往清靜美妙的佛國。但是，我的心情還是非常沉重。

根據藏傳佛教「中陰救度法」的教義而言，在臨終階段的正念是非常重要的，保持平靜，不可嗔恨發怒或者貪戀癡愛，否則這些執念會妨礙亡者往清靜的地方投生。

根據教義，人死後第一階段是臨終中陰，第二階段是實相中陰，第三階段是投生中陰。從剛剛死亡的無意識狀態，會見到第一道明光。後來，意識會突然清醒，會體驗到第二道明光。之後，會有意識再昏迷的時候，之後在實相中陰時，又再度清醒，此時意識已經脫離肉體，漸漸明瞭自己已經死亡，成為意識體。最後，在投生中陰階段，則具有神通力，會隨著個人的業力投胎轉世。

這整個過程大約是七七四十九天。

如果是這樣的話，學妹海倫在臨終中陰的第一階段，因為她是服農藥自殺，所感受到的是極端的痛苦與掙扎，心中一定充滿恐懼和憤怒。如此一來，她豈能正念分明？她的意識要脫離肉身時，一定非常痛苦無奈。

我問江姊是否看到學妹的狀況。江姊說，她看到學妹的確在臨終時，感受到極大的痛苦。而現在，她在幾場法會之後，已經藉著這些功德力與誦經講解，得以消除執著，只是，是否會往生清靜佛國，就要靠她本人的意願和業力決定。

聽到江姊這麼說之後，便比較安心一些。能夠幫學妹做的，已經做了，至少我已經盡力了。

而且，因為連著參加幾場法會的關係，我也對藏傳佛教產生興趣，開始探求生死實相，希望能藉著佛法的甚深教法，讓我能夠心靈安定，消弭對情愛的執著。

在江姊的建議之下，我也跑去聆聽淨空法師講解「無量壽佛經」，希望能多瞭解佛國淨土的清靜世界，該如何安頓自己的身心。

狂心漸漸暫歇，煩惱先放下。每天也唸誦一部份經典迴向給學妹，希望把這份正面的心靈能量回射到她的意識身，希望她能頓開智慧，解脫至無比安樂的佛國淨土。

虔誠祈禱著。

日子還是要過的。

經歷這個震撼的事件之後，還是勉強打起精神，到「挪威森林」打工，繼續幫客人算塔羅牌，每週也固定去江姊的工作室。

生活的轉輪不曾停止，只是隱然覺得心裡的某個部分好像是死了的感覺。每天也繼續做塔羅牌的練習，它已經成為我心靈的一部份。

我用精神成長和貴人牌陣來看最近的精神轉化。

把塔羅牌洗好，依序抽出十張牌，排成環狀，在一號牌位置出現逆位高塔，表示現在的狀況是遇到了意外事件，處於極端心靈震撼。我知道學妹之死，將成為內心深刻的紋記，很難把這個烙印消除，這也會成為自己追求心靈解脫的一個很大的動力。

而高塔這張牌，也意味著一種難以抗拒的改變，暗示要回到生命自己的律動。這要看自己面對這個激烈突變的態度而定。可是，這種改變是無法挽回的。

在六號牌位置出現聖杯五逆位，這表示最近的精神挑戰和難題是自己的心情極端悲哀低落，遭受極大創傷挫折，難以釋懷。我當然知道這張牌也反映了目前自己的心靈狀態。

在七號牌位置出現教皇正位，應該指的是最近跑去聽淨空法師講經，所以出現了代表宗教界的人物牌。在八號牌位置出現寶劍三，表示目前的貴人是經由求助於別人的分析和建議，而完成自我的領悟，這也代表了一段痛苦的自我領悟。

繼續翻開牌，在十號牌位置出現隱士正位。這代表目前未來這三個月的內在老師，可能是自己以隱遁狀態去發掘內心，探勘更深層的心靈狀態。也可能會在未來三個月的時間內暫時隱遁靈修，回歸到自己最深層的內心。

我繼續洗著牌，凝視著寶劍六這張牌。這張牌面是一個男子撐著一艘船，船上有一名女子和小孩，六把倒插的寶劍。他們正在往遠方前進。

剎那之間，這個畫面突然放大了，也變成立體的畫面。我竟然也出現在這艘船上。這位划船的男子說：「準備好了嗎？我們現在要趕著去朝聖。」

「去哪裡朝聖？」我問。

「去印加古王國的聖殿。」我覺得很納悶，這艘平底船看起來如此破舊不堪，怎麼到得了那麼遙遠的地方？

心裡正想著這個疑問時，這艘平底船居然漸漸從湖面騰空飛起，我們竟然漫步在雲端。

不一會兒，發現雲端下方是一個古老王國的遺跡，隱藏在深谷之中。

在山頂最高點矗立著一座高聳的神殿。這名男子把船停靠在神殿廊柱旁邊，我們一行人便走下船，爬上神殿階梯，進入殿堂。

這時，戴著精神寶冠，手中拿著一卷Torah猶太律法的女祭司突然出現在神殿中央。她坐在代表心靈高層進化的寶座上，兩側旁邊則是代表理性的白色柱子，另一邊是代表感性的黑色柱子。

女祭司對著我微笑，突然發現剛剛那位男子、女子和小孩都消失無蹤。

女祭司緩緩開口：「我今天要帶妳翻看很重要的一部書。來吧，跟著我！」她站起身來，示意我跟隨她的腳步，走進神殿更內一層。

我們繼續往神殿內部走去，發現往裡面更加寬闊。女祭司推開一道由神鷹和眼鏡蛇保護的大門，居然裡面是高達天際的無量天書。數不清的天書排在好幾座高塔之中，高塔指向天際。

「這是人類文明的進化史，也是過去、現在和未來心靈進化的祕密。」女祭司指著這些書塔對我說。

她指向其中一座高塔，一本書自動飛出來，降落在她的手上。她翻了幾頁，遞給我。

看到書中出現立體的畫面，彷彿一幕幕的電影螢幕。

看到自己在台南老家，爸媽吵架失和，我和媽媽佇立在東京街頭，我在日本女子高校念日文，和丹尼斯在圖書館K書，和世平到淡水散心，在挪威森林打工算塔羅牌，一幕幕的景象浮現在眼前。這一切，未免太神奇了吧？

「這是屬於妳的心靈之書，妳看到的是心靈之眼所收攝的畫面，這是從妳的角度所拍攝的心靈劇本。」女祭司用睿智的眼神穿透我的心思。

「當然，我想妳一定對未來有興趣，我可以先讓妳看幾頁。」女祭司完全可以解讀我的想法。

她又往後翻了幾頁。

我看到我在一個寂靜的地方打坐，接著是我在畫一幅油畫，我和一個陌生的男子在外國的街頭牽手逛街。

「預先知道妳的心靈劇本，並不代表在現實界一定會照這樣的畫面演出。最重要的，還是妳自己的自由意志。知道嗎？」女祭司繼續用深邃的眼神望著我。

「當一剎那間，心念改變時，這齣心靈劇本也隨之改變，換句話說，每個人的心靈劇本，都是剎那間的心念堆積而成。換句話說，妳有力量可以改變妳的劇本。只是，一般人無法察覺心念的力量，也無法找到方法去訓練自己的心念，所以就順著原來既定的版本演出。所以，大部分人的命運是可以預測的，而那些接受心靈訓練的人卻可以跳脫既定的命運軌跡。不過，這需要很深的功夫呢。」

女祭司把手一揮，我的心靈天書便飛回高塔，隱沒在數千億本書之中。

「孩子，好好靈修吧，妳會有能力幫助許多人的。」女祭司遞給我一杯聖杯之水，示意我喝下，我一飲而盡。

走回神殿前面，女祭司把一束象徵智慧的曼陀羅花送給我。好美好獨特的香花喔。我輕輕嗅著。

一剎那間，便回神，又回到桌子前，手中還握著塔羅牌。

一切又歸於平靜，只留曼陀羅花餘香朵朵，滿室芬芳。

…………第十章…………

世界

THE WORLD

我的靈魂啊，請在你的吻中賜我
這些個月來含鹽的水，賜我田野的蜂蜜，
被天空的千唇吻濕的芬芳，
冬季海洋神聖的耐心。
某樣東西向我們召喚，所有的門
自動開啟，雨水向窗子反覆述說謠言，
天空向下成長，直到觸及根部，

於是日子將天堂的網織了又拆，
用時間，鹽分，耳語，成長，道路，
一個女人，一個男人，以及地球上的冬天。

——聶魯達《一百首愛的十四行詩》

這一切，都是夢嗎？

八月上旬，打算把自己丟向靜心的世界，希望自己的心靈可以抹去對學妹海倫之死的罪惡感。再者，也想要真正更深層觀看和丹尼斯這段感情的真正意義，真正超脫丹尼斯留下的夢魘。

那股想逃離熟悉環境的衝動是那麼強大，讓自己很訝異自己這兩三年的心靈桎梏是如此深不可測。很想沉靜地整理自己，到一個陌生的異鄉去流浪，從另一種意識結構去觀看自己和過往的種種，以另一種角度解讀自己。也許，從另一種故事的觀點，反而會對自己的未來更瞭然於心。

急切地想徹底解放自己，蟬蛻舊往的自己，新的自我將是透明而輕快的。

二十三歲的青春是喧囂的，充滿了重金屬節奏，夾雜著賀爾蒙的味道。天生笨拙的我，卻無法配合這個快速煽情的曲風，只希望趕快找個牆邊的位子坐下來，偷偷喘口氣。

雖然以世俗年齡來看，我是年輕的，經歷過那麼多奇特的經驗之後，在靈性的世界中卻扮演靈啟者的角色。不過，在現實世界中，自己還是一個無力抵抗的嬰兒，極度缺乏處理現實層面的能力。我想，也許這就是這一生又要來現實界投胎轉世的原因吧。

生命中多次深重的打擊和種種奇特的遭遇，讓年輕的我早已變成老靈魂，有著超齡的成熟與滄桑。我覺得似乎已經活了千百年，看透了紅塵間的癡愛舊恨。

在這段心靈反覆高漲低落的期間，晚上幾乎都輾轉難眠，往往睜眼至天亮。隔天，又一如往常，頂著黑眼圈去算塔羅牌，去挪威森林打工。

我覺得自己簡直每個細胞都快要乾枯。夜深人靜，也常因為腦中不斷浮現學妹自殺的畫面而焦慮不已。有好一陣子情緒很低落，也很難開懷大笑。在「挪威森林」打工時，小賴說我像會算塔羅牌的行屍走肉。我覺得他形容得很貼切。而且，我還加一句：「而且是臉上還掛著黑眼圈的僵屍喔！」雖然和他搞笑，可是內心還是很沉重。

我知道不能再這樣下去，也會越來越陷入淡淡的憂鬱之中。

於是，找了一間附近的瑜珈中心，想好好鍛鍊身心。打算從基礎學起，上了幾次瑜珈課後，終於漸入佳境。我發現自己可以隨著緩慢的瑜珈音樂，伸展肢體，從不同的瑜珈體位姿勢，靈魂漸漸平靜，暫時得到喘息。

第一次發現，心可以像羽毛一樣，輕輕落下，儘管只有短暫的幾分鐘。

把這幾個學期打工的錢算了一下，我想到印度去做一個星期的瑜珈閉關。現在，身心放鬆對我來說很重要，在與自己的愛情拉鋸戰這麼久之後，已經完全身心俱疲。

放。下。一。切。

索性上網找了南印度一家比較有名的阿育吠陀中心Ayurveda Mana，位於喀拉拉省的

Poomylly Mana。這間中心以過去婆羅門家族的大宅為基地，提供瑜珈、按摩和傳統武術藝術的基礎課程，在網站上頗受好評。我估量一下費用，看看七天的瑜珈課程費用還算合理，便上網定了行程，把一切行李都打點好。

七月底，便請好假，迅速整理行囊，隻身前往陌生的國度。

印度是一個心靈冥想與外在貧窮互相抗衡的國度，有最失意落魄的外在，卻有最豐富深刻的內涵。走在街頭，看到貧窮的各種樣貌，卻也看到對生命的豁達與自在。

外在的物質，究竟又帶給自己哪一種快樂？

擁有和貪婪，早已讓自己盲目。對於感情的依賴和縱容，也間接造成丹尼斯持續對自己造成傷害。其實，也許自己曾經愛過，只是不敢承認，我只覺得對他有很濃的怨恨。但是，我又為何一次又一次地原諒他，一次又一次拿刀子往自己心上割？

我不懂自己為何是如此軟弱與被虐。如此不懂愛自己。

潛意識中，似乎舔著自己的傷口，我彷彿是感情的嗜血者，在被虐之中才能感受到強烈的被愛。就像唐寧講的，沒有被虐狂，就沒有虐待狂。也許，在潛意識中，是我選擇被虐的角色，希望別人同情我，而丹尼斯就名正言順成為被指責的目標。

終究，我是自己這齣戲真正的導演，只是自己不願意承認。

下了飛機，轉搭火車，輾轉到了Ayurveda Mana，已經是接近傍晚。這是一棟樸素卻氣派的建築，座落於寬敞的綠地上。印度洋的海風徐徐吹來，有著和台灣一樣的潮濕味道，氣溫也非常高。

深色皮膚的接待人員，一身白色麻紗裝，很親切地幫我check in，接過我手上的行李箱，引領到預定的房間。

這裡的房間寬敞簡單，有著民族風的的樸素色彩。把背包放在躺椅上，到浴室簡單梳洗一下，再躺在床上小睡片刻。

七點多，到餐廳用了中心準備的餐點，有簡單的輕咖哩飯和大吉嶺紅茶，在這裡必須全日素食。餐廳內也有幾個外國人，想必也是要來一段心靈之旅吧。

隔天一大早，便跟著工作人員到二樓的瑜珈教室。這間寬敞的木板房間內鋪上幾張軟墊，已經有五、六位學生在做暖身，我找一個位子坐下。

教室中間是一個盤著髮髻的瘦削婦女，膚色黃黑，有雙靈活的大眼。她向我微微一笑。

她用簡單而清楚的英語先自我介紹。她是妮娜拉，教導哈達瑜珈已經有二十多年的經驗了。她先示範一下哈達瑜珈的呼吸方式，然後一個一個矯正我們的呼吸姿勢。今天的進度，是先帶一些初階的動作與基本功。

之後，妮娜拉先帶我們做拜日式，然後是樹姿和眼鏡蛇。教室內很安靜，只有窗外的小鳥啁啾和低沉和緩的瑜珈音樂一起共鳴。

我緩緩伸展頭部，關節慢慢張開，感覺心靈也隨著舒張呼吸，彷彿聽到自己微微的呼吸聲。

一個小時的課程很快就溜逝，覺得未曾有過的神清氣爽。

用過中餐，下午是藥草浸泡和全身按摩的課程。綁著兩條長辮子的瑞妮拉引領我到一樓旁側的藥草池浸浴。泡過藥草浴之後，便到旁邊的白色床舖躺下。

做全身按摩的是位年紀大約四十多歲的女按摩師。

她示意要我面朝下俯臥在床上。我聞到一股非常清香醒腦的草本精油味，聞得出來的成分是檀香、薔薇和迷迭香，也夾雜著松木的味道。

按摩師的手輕輕滑過我的背部，以推拉的方式劃過整片肩胛。隨著她的力道漸深，我覺得體內的濕氣和疲憊似乎都被逼出來。她繼續往腰部推拉，這個部位也許是因為打工站太久，有時會有發痠的現象。她輕輕地拿捏推拉，在脈輪的部分繼續劃圓圈。

我沉沉入睡，感覺似醒非醒，說不出來的暢快放鬆。

傍晚，獨自一人在這個莊園附近散步。周圍是蓊鬱的小樹林，打赤腳踩著泥土，感受大自然的震動。

陽光從葉子縫隙間灑落，彷彿是海底的波光粼粼，自己是一隻史前獸，悠悠吞吐時間的阿賴耶。

純淨。愛與恨都不沾身。

希望能永遠保持這一刻的清明。

匆匆過了三天，我的身心狀態已經漸漸融入哈達瑜珈的進階課程，感覺脈輪也已經漸漸鬆開，充沛的能量漸漸灌入。

我彎著腳，把身子往前伸展，盡量往地板攤開。

做完五個體位的動作之後，開始用蓮花姿做冥想。

閉上眼睛，深深地歇息放鬆。

不知怎的，感覺體內脈輪一陣陣旋轉，很像一股龍捲風盤旋翻轉，我嚇得趕緊睜開眼睛。

還好一點事都沒有，還是好好盤腿坐在墊子上。

又閉上眼睛，索性不管它。

這次，感覺脈輪上又是一陣龍捲風盤旋，風速半徑越來越大，感覺宇宙似乎要整個反轉震動。

我忍住內心的恐懼，繼續看著它。
在一陣陣天搖地動之後，突然出現一片光亮，很大很澄靜的光亮。
在光亮中感覺一種未曾有過的喜悅，那種喜悅是全身的細胞都打開的感覺，在宇宙裡自由呼吸。
完全的放空。

不知過了多久，我看到一幕奇異的情景。
那是一個中國式的後花園，一個身穿古裝的讀書人，正和一個悲泣不已的女子道別。這位年輕人外表俊俏，氣宇軒昂，以不耐煩的語氣和那個身穿古裝，外貌普通的女子說話。那位年輕人似乎急著要道別，那位女子依依不捨，拉住他的衣袖。不料，年輕書生一點都不領情，氣憤地甩開女子的手，掉頭而去。
之後，場景轉到另一個畫面。那位女子因為情郎離棄，悲泣傷心不已，走到河邊，投河自盡。
看到那幕情景之後，彷彿也感受到那位女子的憤恨與悲哀。在她要跳河之際，她發誓永遠不離開情郎，她一定要報復他的移情別戀。
剎那間，我明瞭這幕場景背後的意義。我知道那位薄情的書生是以前的自己，而那位女子則是丹尼斯。

原來，丹尼斯和我之間曾經有過這麼一段未了的情緣，難怪在今世我與他重逢，一開始便有說不出的熟悉感。而這場前世便安排好的感情戲，其實就是再給我們一次機會，可以彌補彼此之間的虧欠感，讓兩人之間的愛恨情仇能一筆勾消。之後，各自才能夠提升自己的靈性，有更高階的靈性頻率震動。

丹尼斯一直恐懼地抓住我，害怕失去我，是有原因的。潛意識裡，他渴望能和我繼續前世未了的情緣。儘管他的前世因為被我拋棄而憤恨不已，但是他還是對我有很深的愛戀。在那位女子投河自盡快要滅頂的時候，心心念念都是他的情郎，也就是今世的我。

丹尼斯對我身心方面施予暴力，其實也是源自過去世的心理投射。他很愛我，也很恨我，痛恨我以前拋棄他，那麼絕情薄倖。

這個奇異的前世經驗之旅，讓我完全放下心裡難以釋懷的情結，也完全拋開被害者的角色。原來，在前世，我是個施虐者，對丹尼斯造成難以彌補的傷害。其實，內心也有對他的歉意。不過，感情的課題是這麼艱難，我這一世對他的感情也是愛恨難消，難以磨滅。

我想，這一生要還他的眼淚，似乎已經足夠。

也終於知道丹尼斯怕水的原因。他從小對水便有一種莫名其妙的恐懼感，也不想學游泳。

眼淚漸漸滑下臉龐。

人世間的愛戀，為何衍生這麼多世的輪迴，這麼多的癡戀苦痛？不僅為自己和丹尼斯流淚，也為輪迴累劫受苦的人們而哭泣。

希望自己因為感情所受的苦，也可以體會眾生情感的苦。

希望我受的這些苦，是有意義的。誠如意義治療法的大師佛朗克給我的啟發，無論黑暗或者光明，生命永遠存在深刻的意義。最起碼，我現在已經可以深深感受那些情感受創的眾生之苦。希望以後有智慧有能力，也可以幫助那些情感痛苦不堪的心靈。

希望情感方面的學分快快修畢。

睜開眼睛，又回到瑜珈教室裡蓮花姿的自己。

四周只剩下瑜珈老師和我一起靜坐，時間也不知道過了多久，其他學生早已先離去。

我用手拭去滑落的眼淚，有一種透明的明瞭，也完全放鬆。伸展一下四肢，緩緩地按摩膝蓋足踝。

晚上，回到自己的房間睡覺時，感覺無比的輕鬆暢快，很快就進入深深的睡眠狀態。似乎一切都回歸於母親的子宮之內，是那麼安全而單純。

七天的瑜珈靜修之旅，很快就結束了。

雖然只有短短幾天，可是從全身脈輪按摩到哈達瑜珈的練習，都讓自己的靈性進展更上一層樓，第六感和感受力都更敏銳，也可以在靜坐時偶然一瞥前世的雪泥蹤影。

對我來說，塔羅牌靈性密碼五和七的訓練好比剎那間被閃電擊中一樣，有著最高頻率的能量灌輸。可是在那靈啟之後，要如何繼續保持那種頓悟的覺知和心靈寧靜的狀態，卻是更艱難的功課。

我知道這需要更強的堅定訓練，來強化自己的覺知。瑜珈就是一種非常好的身心靈運動，在動中關照自己的心，不會太緊，也不會太鬆，可以藉此學習在日常生活中，調頻到屬於更高靈階的頻道，以接受更多靈性的訊息。

對於宇宙這一切靈性的教導，內心充滿無比的感恩。

在這個塵世間，權力物的追求是永無止境的，對感情的癡戀也是永無止境的。終究，只有心性的領悟、愛與慈悲才會帶來真正的快樂。

反問自己，是否可以打從心底原諒丹尼斯對我所做的一切？丹尼斯是否也願意放下對我的執著和貪戀？從前世今生一直在修的課題，癥結就在彼此之間是否願意放下怨念，放下癡愛。真正原諒自己，也寬恕對方，給自己更自由的天空，也放對方一條活路。

不知為何，對南印度這片土地，也有非常熟悉依戀的感覺。從內心知道，以前自己也曾經在印度靜修過，一定有過這麼一世，我非常篤定。

之後，在光中，也看到世平與我曾有一世在印度的菩提迦耶附近一起修行。

那時，世平是佛教修禪的行者，我是當時那個地區小國的公主。他受邀在宮中教授禪法，小公主也跟著大臣們一起修學佛法。

後來，他們漸漸彼此愛慕，惺惺相惜，可說是紅塵中的心靈愛侶。那是一種非常純淨深厚的情感，似乎已經超乎男女之間的感情定義。所以，這一世我和世平之間，存在一種很美妙純淨無比的情感印記，似乎生來就註定要在一起，在彼此對望之間，就可以深刻感受到前世的熟悉感與親密感，頻率是如此和諧一致。

這一世，我和世平是否會再成為彼此相屬的心靈愛侶，只有我們自己可以決定。

不過，我深信，世平會繼續陪我到世界的盡頭，一起到天荒地老。不管今世我們之間的關係是什麼，這都不重要。最重要是，我們分享的是彼此的靈性與相濡以沫的情感。這是一份屬於身心靈相契的情感，也超乎世間一般的情感界定。

我知道我這些經歷，也就是賽斯所說的，心靈同時是畫，也是畫家，因為畫家發現畫裡所有的成分都是他自己的一部份，而畫家也被他所製作的畫所包圍。

心靈創造的這齣愛恨情仇的戲劇，都是自編自導自演，不能把責任推諉給別人。這也是佛教華嚴經中所言：「心如工畫師，能畫諸世間，五蘊悉從生，無法而不造。若人欲了知，三世一切佛，應觀法界性，一切唯心造。」

在梔子花旁，我緩緩散步，這些前世記憶，彷彿清香的花朵，在心靈澄靜時，緩緩浮出水面。

一切有為法，如夢幻泡影，如露亦如電，應作如是觀。

盛夏的台北午後，鋼鐵似的陽光劈向街頭燠熱難當的行人。我望著T大校門，淺褐磚砌成的大門旁穿梭著進出的人群。

我看到丹尼斯站在門口，面無表情，空洞的眼神望著遠方。

一看到他，便趕緊躲到人群中，他似乎沒有注意到我。T大的校門綁著兩隻凶猛的獵犬，不知道是誰豢養的。文學院的磚紅色拱門旁，出現兩株奇異的仙人掌，碩大無比，彩色鮮豔的刺張牙舞爪地攀向天空。鮮豔的色調和怪異的畫面，彷彿超現實畫家達利的畫風。

仔細一看，拱門旁依偎著一個熟悉的身影。

原來是學妹海倫。還是穿著那一襲白色麻紗洋裝，一樣蒼白美麗。可是，她卻幽幽嘆氣，嘆息聲幽如游絲，清晰可聞。她舉身從文學院二樓跳下，卻瞬間消失無蹤。

我拿著一張機票，機票卻隨風飄往遠方，越變越大，像報紙一樣大。我很焦急，趕緊隨著機票狂奔，想要抓回那張巨大的機票。

瞬間便醒了，醒時心臟還怦怦直跳。

這是在倫敦的第一天，沒想到卻作了一個怪夢。我望著薔薇花壁紙上的掛鐘，滴滴答答的聲音，時間是凌晨四點二十五分。沒錯，我人已經在倫敦，住在倫敦牛津街（New Oxford Street）一間中價位的旅館。現在已經是倫敦的九月上旬。

站起身來，倒了一杯開水喝。望著牆上的鏡子，看著自己有點疲憊的雙眼，在長途飛機的旅程之後，顯然睡得不是很好。

過幾天，我就會到倫敦皇家藝術學院去進修平面設計。這所倫敦皇家藝術學院隸屬於倫敦藝術聯盟。

跟媽商量過了，讓我去遊學兩個月。媽同意了，幫我出了學費十二萬元，機票是自己打工存的錢。我一直對設計相當感興趣，希望能去倫敦走一趟，看看另外一個世界。

從上網洽詢學校到與校方聯絡，匯錢，領學生證等，都一手包辦。安琪拉說她真是服了我，還說下次我們可以一起自助旅行到法國。我一口答應。說真的，在這些繁瑣的過程中，覺得自己好像變得冷靜成熟，也精明幹練多了。

阿姨還送我一張行天宮的護身符，保佑一路順風。我把它夾在錢包裡，隨時可以摸到，很有安全感。我特別挑了一間靠近大英博物館的旅館，想要抽空好好逛逛聞名的世界級館藏。

過去的一切都過去了，潛意識裡我希望把那些情感創傷徹底忘懷。每當深夜時分，還是常會作相關的夢境。在夢中，恐懼與遺憾還是那麼鮮明。也許，這些留在心裡的印痕還是那麼深，並無法像進入沉睡森林一樣，完全把這些回憶隔絕在心靈之外。我並不想抗拒這些回憶，只是輕輕地看著它。

我想，最終有一天，一定可以把這些受傷的痕跡轉化成另一種心靈圖騰，就像是手臂上的一道刀疤，可以用刺青巧妙地轉化成美麗的圖案。

走出旅館門外，散步到附近的一家麵包店買了早餐，在店裡又點了杯咖啡，坐在藤製椅子裡，舒服地望向窗外。倫敦的早晨，空氣有種不一樣的地氣，是屬於當地的味道，少了台灣海島型氣候的濕氣感，空氣感覺舒爽不少。很喜歡這種流浪的感覺，把一切都從過去抽離掉，彷彿一切都像是白色素描紙一樣空白，充滿無限的可能。

貝德佛街（Bedford Street）上班的人潮很多，我緩緩地穿過人群，到貝德佛廣場（Bedford Square）散步。倫敦人的穿著顏色顯然比較正式些，主要以優雅的灰色為主。不同的膚色，不同的語言，不同的風俗習慣，各式各樣的人有著不同的快樂與煩惱。我也只是其中一個小小的臉孔，一個在陌生的街道上徘徊的異鄉人。

吃過早餐之後，到附近的街道閒逛。走過幾條街區，發現一家很有趣的店。上面掛著小小的鑄鐵做成的招牌，上面是歪歪斜斜的幾個字：「Zola’s Psychic Map」。櫥窗裡擺著幾套塔羅牌和相關的書籍，上面還放著一顆水晶球、粉紅色的蠟燭和白色的薄紗墊子。

好奇心作祟，推開門瞧瞧。

裡面有點幽暗，花了幾秒鐘，才適應裡面的亮度。牆邊是一片的書籍，櫃子上擺著很多不同款式和畫風的塔羅牌。中間是一個圓桌子，中央有一個大水晶球，旁邊有一支沒點燃的蠟燭。

「Anybody in?」我喊著。過了幾分鐘，傳來了一陣腳步聲。一位年紀頗大，大概六十幾歲的老婆婆走了出來。

「May I help you?」老婆婆有一口濃濃的英國腔。

我指著桌子上的水晶球。我想，水晶球算命應該不會太貴吧？

她示意要我坐下，我拉開木椅。

老婆婆穿了一件暗紅色的花洋裝，手上戴著很多圈的水晶手鍊，頭上綁著一道紫色的頭巾。我覺得她的配色很超現實。

她用胖胖的手指點了蠟燭，再端來一個精油燈。剎那間，小小的店裡便充滿薰衣草的香味。

她問了我的名字，她複誦了一次，然後開始用手摸著水晶球冥想。

大概有幾分鐘吧，她開始用濃濃的英國腔說出我想問的問題。

「妳來自一個遙遠的國家，妳的心裡有天使的翅膀，很想自由飛翔。妳有不尋常的感受力，妳有一雙天使的翅膀。當然，最後妳會找到自己的國度。」我覺得她的話充滿一堆象徵符號，有點不太懂。

「愛情？噢，妳的愛情是藍色的盒子，打開看是一個骷髏和玫瑰花。」骷髏和玫瑰花，我的眼睛瞪得很大，這是什麼意思啊？

老婆婆繼續往下講。

「骷髏是說妳的心曾經死過，以一種很痛苦的方式。不過，妳快要有一朵玫瑰花了，那是上天的禮物，要好好珍惜。」老婆婆慢慢地說，怕我聽不懂她的英語。

「我怎麼才知道什麼是適合我的愛情呢？」我實在很納悶。

「找一個和妳頻率相同的人，他也有雙天使的翅膀。」我還是不懂。不過，我心中突然閃過世平溫柔的眼神。

老婆婆繼續瞪大眼睛看著水晶球，似乎裡面有圖案或者文字。

「我看到妳以後會去幫助很多人，妳到了一個黑暗的洞穴中，妳化成一朵光明的花朵，很多人都注視著妳的光明，仰仗妳的光明。」

我越聽越是一團亂，這是在說我嗎？我只是凡人而已，老婆婆卻像是電影駭客任務中的預言老人，專門講一些很深奧的謎題。

「小女孩，要好好靈修啊，妳有很奇特的能力，那是以前的靈體帶給妳的能力，要好好過妳的人生，有一天妳會知道的。」

最後，老婆婆還拿出一副她珍藏很久的古老塔羅牌，送給我當紀念。

她說，這是一副非常奇特的塔羅牌，是埃及神諭塔羅牌。很奇妙的是，最上面有聖杯七、權杖七、錢幣七和寶劍七幾張牌，那是我在接受靈性七訓練時，教皇教我選的圖案。

當我翻到教皇這張牌時，發現教皇的眼睛對我眨了眨。天啊，教皇此時怎會分身在這張牌呢？這次，他居然以世平的面貌出現，令我更加不安。

可是，老婆婆怎麼會有這副塔羅牌呢？

我實在太驚訝了，因為這種巧合簡直令人無法置信。這就是容格所講的「同時性」嗎？

心裡所想的，立即發生在現實層面，容格說這就是一種潛意識的運作，深層心靈意念想到的事物，馬上同步出現在現實層面。

這副牌太神奇。再說，算命費用不過合台幣兩千元，她卻很慷慨地與我分享這個奇妙的寶物。我怎麼可以接受這種珍貴的餽贈？

「我不能收下，這太貴重了！」我趕緊拒絕。

老婆婆比我更堅持：「送妳，妳會懂得它！妳是被做記號的人！」

走出這間古老的算命小鋪，我不禁感謝這奇妙的因緣，似乎冥冥中有股神奇的力量把我推向某些人，某些地方。這背後一定有玄妙的心靈藍圖，讓我一步一步走向神秘的未知。對神秘的無形力量，內心充滿無比的敬畏，也充滿無限的感激。

我把老婆婆送我的神諭塔羅牌收好，放在背包裡，繼續往下一個陌生的街頭走去。生命充滿了奇妙的課題，我是一個解謎者，我既是問題本身，也是答案。

我是一個流浪宇宙的遊子，下一個異鄉的渡口又再對自己呼喚著。

佇立在布倫斯伯瑞街（Bloomsbury Street）街頭，遠遠就可以看到大英博物館高聳典雅的建築。

倫敦街頭的氣息是屬於中世紀的，閉起眼睛，感受這股蘊藏的古老能量從地底中央湧起，有巨大無比的光灶往四面八方如高空綻放的煙火發散。可以感受到七彩智慧的光芒正籠罩在此刻的倫敦喧鬧的街頭。

我感動地淚流滿面。可是身邊的人們卻對這些光的能量毫無知覺，他們只是隨著紅綠燈皺著眉頭，面無表情，以匆促的步伐趕緊穿越人行道。

難道來往的人潮中，居然沒有一個人可以看到智慧虹光的能量就出現在他們頭頂嗎？宇宙實相存在於塵世的每一粒沙塵，一粒沙即一世界，一花一如來。

在此刻的倫敦街頭，感受到無比真實的宇宙實相。那些情感的疑惑與痛苦都一掃而空，希望自己的內心可以永遠與此刻的清明結合為一。

看到一位佝僂的老人拄著枴杖，往我的方向走來。旁邊賣報紙的小販正在抽煙。左邊大樓的守衛正在發怒，用腳踢一隻流浪狗。

一幅幅很塵世的畫面，可是每個人也都散發著耀眼的光芒，就像塔羅牌裡的聖杯國王和魔術師一樣，內心也有一把宇宙智慧的鑰匙。只是，他們根本不知道鑰匙藏在那裡，也不想知道尋找鑰匙的方向。

人們只想著怎麼能買到卡迪那鑽錶，萊茲萊斯豪華加長型房車，如何買到最有潛力的股票。他們的心輪，散發著暗綠色貪婪的光，因為對世間名利的執著，封閉了自我的心輪，也和內心真正純淨的快樂隔絕了。

一個小女孩牽著一隻臘腸狗朝著我走來。

她散發著清靜的光芒，在心輪部分有一個紫色水晶的圖案。她對我微笑著，走過我身邊時，還對我揮揮手。

佇立在倫敦街頭，我並不孤單。

我知道未來的路還很長，想起美國詩人佛斯特的詩〈未曾選擇的道路〉（The Road Not Taken）。既然，我選了一條人煙罕至的小路，就不會再羨慕那條眾多人走過的捷徑。已經踏上這條靈階成長之路，就必須勇敢繼續前進，揭開更多更深層的心靈秘密，找出生命存在的深刻意義藍圖，為了自己，也為了別人。

似乎聽到有種無聲的呼喚越來越強，從遙遠的天際傳來。

倫敦大鐘敲了十一下，肅穆莊嚴，讓人屏息而立。遠處有街頭音樂家拉著小提琴，與另一把大提琴合奏，甦活愉悅的爵士音符跳躍在石版街道上。

未來的，就交給未來吧，我望著大英博物館前的雕像微笑。

國家圖書館出版品預行編目資料

塔羅牌戀人：前世今生的祕語 / 陳廣蓉著. -- 初版. -- 臺北市：華品文創, 2011.12
面；14.8×21公分

ISBN 978-986-86929-9-2 (平裝)

1. 占卜

292.96 100022635

塔羅牌戀人——前世今生的祕語

作者——陳廣蓉
總經理——王承惠
總編輯——陳秋玲
財務長——江美慧
印務統籌——張傳財
裝幀設計——翁　翁・不倒翁視覺創意 onon.art@msa.hinet.net

出版者——華品文創出版股份有限公司
100台北市中正區重慶南路一段57號13樓之1
服務專線：(02)2331-7103或(02)2331-8030
服務傳真：(02)2331-6735
E-mail：service.ccpc@msa.hinet.net
部落格：http://blog.udn.com/CCPC

總經銷——大和書報圖書股份有限公司
台北縣新莊市五工五路2號
電話：(02)8990-2588
傳真：(02)2299-7900

印刷——卡樂彩色製版印刷有限公司
初版一刷——2011年12月
定價——平裝新台幣260元
ISBN——978-986-86929-9-2